新加坡数学建模4

应用题专项

[新加坡]李芳兰 著　　[英]寇芳 译

CNS PUBLISHING & MEDIA
湖南少年儿童出版社 HUNAN JUVENILE & CHILDREN'S PUBLISHING HOUSE
小博集 BOOKY KIDS
·长沙·

著作权合同登记号：图字18-2022-095

图书在版编目（CIP）数据

新加坡数学建模. 4 应用题专项 /（新加坡）李芳兰著；（英）寇芳译. -- 长沙：湖南少年儿童出版社，2022.9

ISBN 978-7-5562-6614-2

Ⅰ. ①新… Ⅱ. ①李… ②寇… Ⅲ. ①应用题－小学－教学参考资料 Ⅳ. ①G624.503

中国版本图书馆CIP数据核字（2022）第146743号

XINJIAPO SHUXUE JIANMO · 4 YINGYONGTI ZHUANXIANG

新加坡数学建模 · 4 应用题专项

［新加坡］李芳兰 著 ［英］寇 芳 译

责任编辑：张 新 段迎春
策划编辑：齐小苗 段迎春
营销编辑：姬 潇
版式设计：霍雨佳
策划出品：小博集
版权支持：刘子一
封面设计：马睿君
排 版：麦莫瑞

出 版 人：刘星保
出 版：湖南少年儿童出版社
地 址：湖南省长沙市晚报大道89号
邮 编：410016
电 话：0731-82196340（销售部） 0731-82194891（总编室）
传 真：0731-82199308（销售部） 0731-82196330（综合管理部）
常年法律顾问：湖南崇民律师事务所 柳成柱律师
经 销：新华书店
开 本：787 mm × 1092 mm 1/16
印 刷：北京嘉业印刷厂
字 数：111千字
印 张：8.5
版 次：2022年9月第1版
印 次：2022年9月第1次印刷
书 号：ISBN 978-7-5562-6614-2
定 价：96.00元（全2册）

若有质量问题，请致电质量监督电话：010-59096394 团购电话：010-59320018

前言

《义务教育数学课程标准》（2022年版）明确提出要培养孩子的“模型意识”，未来的数学教育将越来越重视数学模型的系统性学习和应用。实际上，这也是符合儿童成长发展规律的。新加坡数学倡导的CPA（concrete-pictorial-abstract，具象–形象–抽象）教学法为我们提供了思路和方法。

建模是新加坡数学CPA教学法的核心。从一个具象的苹果到形象的图形再到抽象的数字1，孩子可以用多种图形（可以是一条线段、一个方块，甚至是孩子自创的一个形象，等等），来适应乃至学会形象化或符号化表达。孩子在循序渐进的学习和训练中，逐渐形成和完善抽象的数学思维能力。

这套“新加坡数学建模”系列共12册，面向6~12岁的孩子，零基础入门，从简单到复杂，系统训练画图建模的方法。该系列有6个级别，每个级别都包含《知识点突破》《应用题专项》两册，从认识最基础的“部分–整体模型”到“比较模型”，再到“单位模型”“之前–之后模型”等等，孩子在画图建模的练习中，可以更深入地理解数学关系和运算原理，建立系统性数学思维，培养真正的数学能力。

画图解题的方法在解决具体的数学问题时也非常有效，利用图形，更方便整合信息，因为它采用数量关系可视化的手法可使学生较快地捕捉问题中的数量关系，进而勾画出问题解决的思路。

《知识点突破》从小学数学基础知识点出发，用CPA教学法，循序渐进，有效帮助孩子巩固和加强所学知识点，突破重难点，并设置各种解决问题题型和挑战题题型，让孩子学会用不同思路解决问题。

《应用题专项》用画图解题的方法，解决实际问题。先从知识点讲解和例题部分切入，掌握概念和数学思维方法，再趁热打铁进行练习巩固。题型有基础题和挑战题，鼓励学生在难度递增、题型多变的练习中，一步步“闯关”，增添学习的乐趣。

该系列有讲有练，由易到难，循序渐进，重点突出，每个级别两本书搭配使用。同时，还有教学经验丰富的小学数学老师的视频课答疑解惑，讲解常见题型，学习更有效。

总而言之，希望这套书，能让孩子掌握知识、开拓思路，更能享受数学的乐趣！

目录

整数

分数

小数

周长和面积

本书内标*题目为难度进阶的挑战题。

整数

1 加法和减法（复习）

部分－整体模型和比较模型

例题 1

保罗给 968 个气球充气。

其中有 320 个红气球，

蓝气球比红气球多 112 个，

其余的是黄气球。

这些气球里有多少个黄气球？

- 画部分－整体模型图直观表达题目中的已知条件。

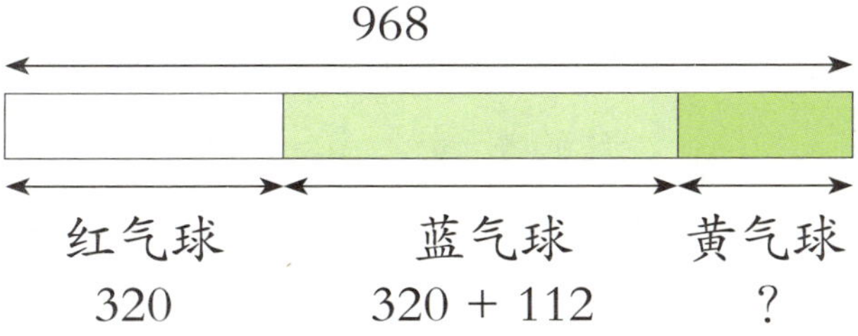

蓝气球：

320 + 112 = 432（个）

黄气球：

968 − 320 − 432 = 216（个）

这些气球里有 **216** 个黄气球。

数学思维

已知整体和除一部分外的其余部分，要算出这一个部分，可以画一个部分－整体模型图。

用较短的格子表示红气球的数量，用较长的格子表示蓝气球的数量，用任意长度的格子表示未知的黄气球的数量。**将它们连接在一起。**

标出已知条件和未知数“？”。

我们首先需要算出什么？

答：蓝气球的数量。

用 320 加 112 算出蓝气球的数量。

从总数（968）中减去红气球和蓝气球的数量，算出黄气球的数量。

例题 2

一项工程用了 2350 个灯泡。

其中，874 个是小灯泡，

其余的是大灯泡。

大灯泡比小灯泡多多少个？

- 画比较模型图，找出两个数的差。

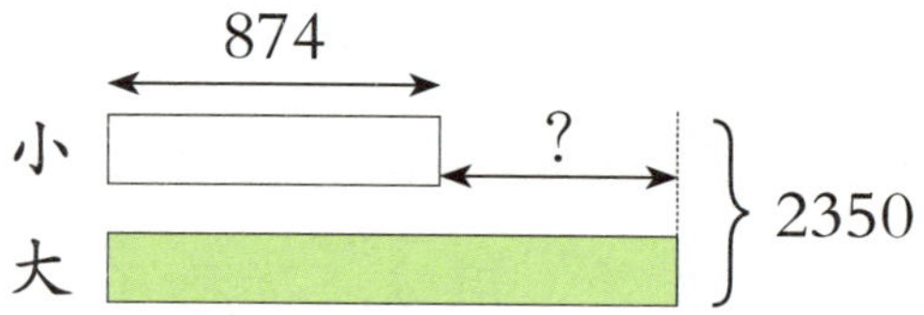

大灯泡：

2350 − 874 = 1476（个）

差：

1476 − 874 = 602（个）

大灯泡比小灯泡多 **602** 个。

数学思维

用较短的格子表示小灯泡的数量，用较长的格子表示大灯泡的数量。两个格子的起点相同。

标出已知条件和未知数“？”。

我们首先需要算出什么？

答：大灯泡的数量。

用 2350 减去 874，算出大灯泡的数量。

再用大灯泡的数量减小灯泡的数量，算出两者的差。

练习 1

解决问题。画图建模，并写出解题步骤和答案。

1. 有 630 人欣赏一场音乐会。其中，成年男士有 214 人，成年女士有 136 人，其余的都是孩子。有多少个孩子欣赏音乐会？

2. 把一个班的学生分成 A，B 两组。A 组折了 518 只纸鹤，B 组折的纸鹤比 A 组多 266 只。两组一共折了多少只纸鹤？

3. 一个平板电脑比一个手机贵 516 元*。平板电脑 1874 元。一共多少元？

* 本书货币所用内容均是新加坡货币。1 元 =100 分。

4. 一家文具店有 1720 支红色记号笔、2460 支黑色记号笔和 1240 支蓝色记号笔。该文具店卖了一些记号笔后，还剩 3850 支记号笔。该文具店卖了多少支记号笔?

5. 西蒙花 1230 元买了一副耳机和一套音响，音响花了 724 元。音响比耳机贵多少钱?

6. 有 3740 名学生观看运动会。其中，女生有 1608 人。观看运动会的女生比男生少多少人?

7. 把 2400 本书摆在 3 个书架上。第一个书架上摆了 738 本书，第二个书架上摆的书比第一个书架多 240 本。第三个书架上摆了多少本书？

8. 瑞安、马克和杰里为一个项目收集了 2584 个可回收瓶子。瑞安收集了 835 个。马克收集的瓶子比瑞安少 162 个。杰里收集了多少个瓶子？

2.1 是否能被整除

例题

什么数正好______整除？

a. 被 2 [6，28，47，52，93，190]

b. 被 5 [20，39，45，90，115，256]

c. 被 3 [15，23，42，87，163，210]

d. 被 4 [28，34，72，112，218，336]

e. 被 6 [18，42，62，136，270，408]

从答案中你可以发现什么规律？

- 观察每组中符合条件的数，可得出以下规律。

a. **6，28，52 和 190** **偶数**。

b. **20，45，90 和 115**

个位是 **0 或 5** 的数。

c. **15，42，87 和 210**

各数位上数字之和是 **3 的倍数**的数。

d. **28，72，112 和 336**

十位和个位上的数字组成的数是 **4 的倍数**的数。

e. **18，42，270 和 408**

各数位上的数字之和是 **3 的倍数**的偶数。

数学思维

确定一个数是另一个数的倍数，就需要确定这个数能够被另一个数整除。

例如，6 能够被 2 整除，6 是 2 的倍数。

什么数能够被 2 整除？

答：偶数。

什么数能够被 5 整除？

答：个位是 0 或 5 的数。

什么数能够被 3 整除？

答：各数位上的数字之和是 3 的倍数的数。

什么数能够被 4 整除？

答：十位和个位上的数字组成的数是 4 的倍数的数。

什么数能够被 6 整除？

答：偶数且各数位上的数字之和是 3 的倍数的数。

练习 2.1

解答下列习题。写出解题步骤和答案。

1. 圈出正确的数。

   a. 能被 2 整除：

   4，25，78，169，312

   b. 能被 3 整除：

   21，54，193，279，316

   c. 能被 4 整除：

   78，96，214，352，528

   d. 能被 5 整除：

   56，108，95，270，625

   e. 能被 6 整除：

   36，142，350，348，780

2. 111之后能______的数是什么？

a. 被2整除

b. 被3整除

c. 被4整除

d. 被5整除

e. 被6整除

3. a. 列出从 1 开始能够被 2 整除的 5 个数。所有 2 的倍数都是偶数吗？

b. 列出从 1 开始能够被 3 整除的 5 个数。所有 3 的倍数都是奇数吗？

4. 从 1 到 100，有多少个数是 5 的倍数？

2.2 系统列表解题

例题

一个数除以 2，

余数为 1。

除以 3，

余数也为 1。

这个数的最小值是多少？

- 列表格解题。

顺序	1	2	3	4
可能的数				
2 的倍数（× 2）	2	4	6	8
2 的倍数加 1（× 2，+ 1）	**3**	**5**	**7**	**9**
3 的倍数（× 3）	3	6	9	12
3 的倍数加 1（× 3，+ 1）	**4**	**7**	**10**	**13**

在表格中，最小的相同的数是 7。

这个数的最小值是 **7**。

数学思维

当一个数不能被另一个数整除时，会产生一个余数。

例如，7 除以 3，余数为 1。

$7 \div 3 = 2 \cdots\cdots 1$

然而，如果 7 减去余数 1，其结果 6 就能被 3 整除。

一个数除以 2，余数为 1。

这个数可能是多少？

答：2 的倍数加 1。

一个数除以 3，余数为 1。

这个数可能是多少？

答：3 的倍数加 1。

符合题目条件的数是多少？

答：是 2 的倍数加 1，同时也是 3 的倍数加 1。

练习 2.2

解答下列习题。写出解题步骤和答案。

1. 一个数除以 3，余数为 2。这个数除以 4，余数仍为 2。这个数的最小值是多少？

2. 休给她的几个侄子买了一些甜甜圈。如果给每人分 4 个甜甜圈，还剩 1 个。如果给每人分 5 个，她还需要再买 2 个。

   a. 休有几个侄子？

   b. 休买了多少个甜甜圈？

3. 一个罐子中糖果的数量在 30 颗到 60 颗之间。这些糖果可以平均分给 6 个或者 9 个小朋友。罐子里可能有多少颗糖果?

4. 一个派对上，小朋友的数量在 85 个到 115 个之间。这些小朋友可以平均分成 5 组或者 6 组。派对上有多少个小朋友?

5.* 五月，琳达每 6 天去一次图书馆，杰里每 4 天去一次。他们在图书馆最多相遇几次？

6.* 温迪每 2 天去一次健身房，弗兰克每 3 天去一次，丹尼每 4 天去一次。如果他们今天在健身房相遇，多少天后他们会再次相遇？

3 用乘法和除法解决问题

3.1 单位模型概念

例题 1

一台平板电脑的价格是 864 元，它的价格是一套音响的 4 倍。

a. 一台平板电脑比一套音响贵多少钱？

b. 一台平板电脑和一套音响一共多少钱？

- 画模型图使已知条件直观化。

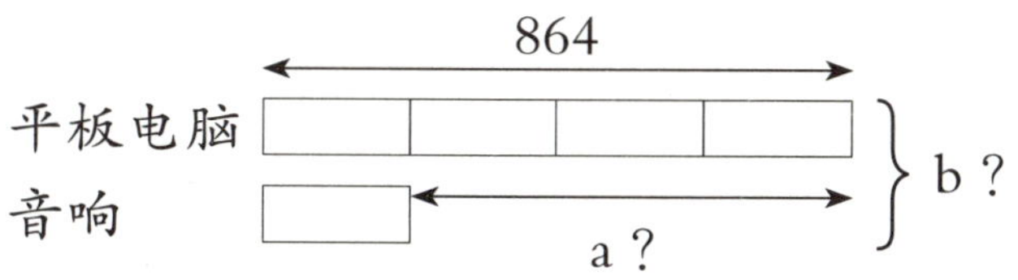

a. 4 个格子 — 864 元

1 个格子 — 864 ÷ 4 = 216（元）

差：

3 个格子 — 3 × 216 = 648（元）

一台平板电脑比一套音响贵 **648** 元。

b. 总和：

5 个格子 — 5 × 216 = 1080（元）

一台平板电脑和一套音响一共 **1080** 元。

数学思维

用 1 个格子表示音响的价格，用 4 个格子表示平板电脑的价格。

多少个格子表示差？

答：3 个格子。

几个格子表示总和？

答：5 个格子。

我们首先需要算出什么？

答：1 个格子代表的数值。

用 864 元除以 4，算出 1 个格子代表的数值。

把 1 个格子代表的数值乘 3，算出差。

把 1 个格子代表的数值乘 5，算出总和。

例题 2

聚会上准备了 9300 毫升饮料。

橙汁的量是苹果汁的 4 倍。

柠檬汁有 1800 毫升。

橙汁有多少升?

- 画模型图使已知条件直观化。

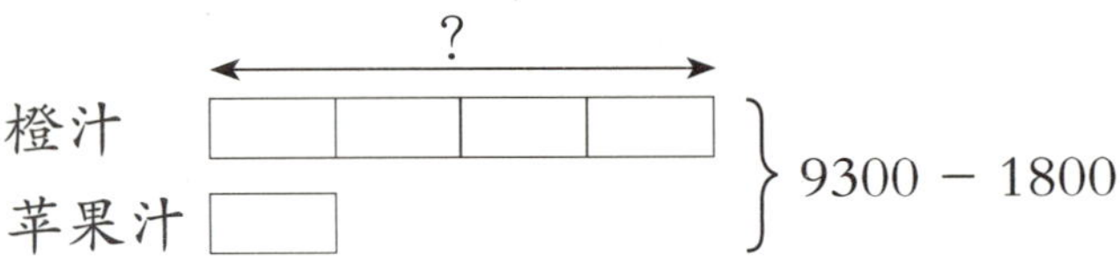

橙汁 + 苹果汁:

9300 − 1800 = 7500(毫升)

5 个格子 — 7500 毫升

1 个格子 — 7500 ÷ 5 = 1500(毫升)

橙汁:

4 个格子 — 4 × 1500 = 6000(毫升)

= 6(升)

橙汁有 **6** 升。

数学思维

用 1 个格子表示苹果汁的量,用 4 个格子表示橙汁的量。

多少个格子表示橙汁和苹果汁的总量?

答:5 个格子(4+1)。

我们首先需要算出什么?

答:1 个格子代表的数值。

用(9300 − 1800)毫升除以 5,算出 1 个格子代表的数值。

把 1 个格子代表的数值乘 4,算出所求的橙汁的量。

例题 3

3 名儿童和 4 名成人乘坐飞机，他们的机票共计 6230 元。

每名儿童的机票是 450 元。

每名成人的机票是多少元？

- 画模型图使已知条件直观化。

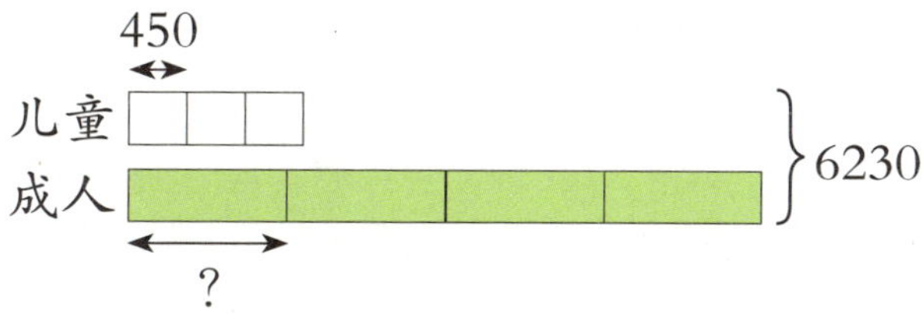

3 名儿童：

3 × 450 = 1350（元）

4 名成人：

6230 − 1350 = 4880（元）

1 名成人：

4880 ÷ 4 = 1220（元）

每名成人的机票是 **1220** 元。

数学思维

用 3 个较短的格子表示 3 名儿童的机票总金额。

用 4 个较长的格子表示 4 名成人的机票总金额。

我们首先需要算出什么？

答：3 名儿童的机票总金额。

将 450 元乘 3，算出 3 个较短的格子代表的总数值。

然后，用机票总金额（6230 元）减去 3 个较短的格子代表的总数值，算出 4 个较长的格子代表的总数值。

最后，将 4 个较长的格子代表的总数值除以 4，算出每名成人的机票金额。

练习 3.1

解决问题。画图建模，并写出解题步骤和答案。

1. 维克托存了 870 元，他的存款是弟弟乔的 3 倍。兄弟两人一共存了多少钱？

2. 玛丽花了 3120 元买了一个播放器和一套音响设备，音响设备的价格是播放器的 4 倍。这套音响设备的价格是多少？

3. 3 个水箱中总共有 210 升水，水箱 B 中的水是水箱 A 的 3 倍，水箱 C 中的水是水箱 B 的 2 倍。水箱 C 中有多少升水？

4. 把一根长为 1020 厘米的电线剪成 3 段，第 1 段长 240 厘米，第 2 段的长度是第 3 段长度的 4 倍。第 2 段有多长？

5. 汤姆把 2500 毫升水倒进一个罐子、一个杯子和一个瓶子里，罐子里的水量是杯子里的 3 倍，瓶子里有 780 毫升水。罐子里有多少水？

6. 杨老师买了 510 张贴纸，她给班里的学生分了一些贴纸后，还剩 168 张。每个学生分到了 9 张贴纸。班里一共有多少名学生？

7. 老师花了 9645 元买了 3 台电脑和 2 台投影仪，每台投影仪 2190 元。每台电脑多少钱？

8. 林太太有 440 元，其中有 2 张 100 元的纸币、3 张 50 元的纸币，其余均为 5 元的纸币。林太太有多少张 5 元的纸币？

3.2 简便方法

例题 1

1 + 2 + 3 + ⋯ + 98 + 99 + 100

把 1 到 100 的全部整数加起来，

和是多少？

- 把这些数字组合配对，简化问题。

1 + 2 + 3 + ⋯ + 98 + 99 + 100

每组和为 101

100 ÷ 2 = 50，

所以，和为 101 的组合有 50 组。

  1 + 2 + 3 + ⋯ + 98 + 99 + 100

= 50 × 101

= 50 × （100 + 1）

= 50 × 100 + 50 × 1

= 5000 + 50

= 5050

和是 **5050**。

数学思维

一个一个地加很烦琐。

将这个算式的数分组：

1 + 100 = 101

2 + 99 = 101

3 + 98 = 101

……

50 + 51 = 101

和为 101 的组合有多少组？

答：100 ÷ 2 = 50（组）

例题 2

今天是周一。

23 天后是周几?

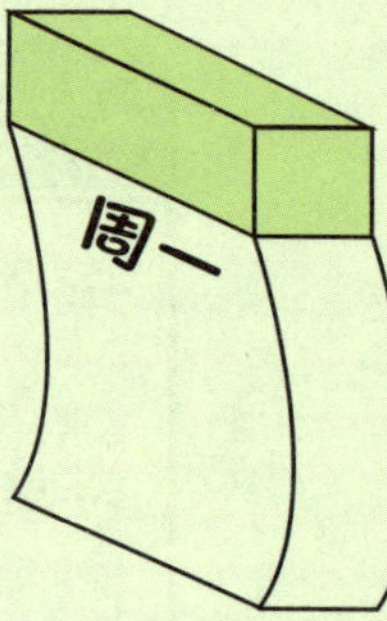

- 算出周数和余下的天数来简化问题。

因为 23 ÷ 7 = 3……2,

23 天 = 3 周 + 2 天。

今天 — 周一

1 周后 — 周一

3 周后 — 周一

周一之后两天 — 周三

23 天后是**周三**。

数学思维

一天一天地数天数很烦琐。

一周有 7 天，每周都是重复的，算出周数和余下的天数来简化问题。

今天是周一，1 周之后是周几?

答：周一。

今天是周一，3 周之后是周几?

答：周一。

周一再过 2 天是周几?

答：周三。

画图使解题思路直观化。

今天 —— 周一

1 周后 —— 周一

2 周后 —— 周一

3 周后 —— 周一

再过 1 天 —— 周二

再过 2 天 —— 周三

练习 3.2

解答下列习题。写出解题步骤和答案。

1. a. $1 + 2 + 3 + \cdots + 18 + 19 + 20$

   把 1 到 20 的所有整数加起来，和是多少？

   b. $1 + 2 + 3 + \cdots + 998 + 999 + 1000$

   把 1 到 1000 的所有整数加起来，和是多少？

2. $2 + 4 + 6 + \cdots + 56 + 58 + 60$

   从 1 到 60 的 30 个偶数加起来，和是多少？

3. a. 今天是周二，17 天后是周几？

b. 今天是周五，100 天后是周几？

4. 52 天前是周六。今天是周几？

5.* $1 + 2 + 3 + 4 + \cdots + 93 + 94 + 95$

把 1 到 95 的所有整数加起来，和的个位上的数字是多少？

6.* 4 月 1 日是周二，同年的 6 月 28 日是周几？

3.3 做假设

例题

农场里鸡和羊共有 23 只。

这些动物一共有 60 条腿。

农场里有多少只鸡和多少只羊?

假设：有 23 只鸡

2 × 23 = 46（条）

多出：60 − 46 = 14（条）

一只羊比一只鸡多 2 条腿。

14 ÷ 2 = 7（只）

因此，有 **7** 只羊。

23 − 7 = 16（只）

有 **16** 只鸡。

验证：

4 × 7 = 28（条）

2 × 16 = 32（条）

28 + 32 = 60（条） √

农场里有 **16** 只鸡和 **7** 只羊。

数学思维

假设所有的动物都是鸡，算出多出的腿数。

一只鸡有 2 条腿，一只羊比一只鸡多 2 条腿。

如果多 2 条腿，那么农场就有 1 只羊；

如果多 4 条腿，那么农场就有 2 只羊；

如果多 6 条腿，那么农场就有 3 只羊；

……

因此，通过假设所有的动物都是鸡，算出多出的腿的数量，即可求出羊的数量。

练习 3.3

解决问题。做假设解题，并写出解题步骤和答案。

1. 围场里有鸡和猫共 16 只，这些动物一共有 42 条腿。围场里这两种动物各有多少只？

2. 停车场停着一些摩托车和小汽车，共 25 辆。这些车一共有 74 个轮子。停车场里这两种车各有多少辆？

3. 简将 50 元换成了 5 元和 2 元的纸币，共 16 张。每种面值的纸币各换了多少张？

4. 丹尼尔有一些 20 分和 50 分的硬币，这些硬币加起来一共是 10 元。1 元等于 100 分。如果一共有 38 枚硬币，那么 50 分的硬币有多少枚？

4.1 差－倍数模型概念

例题 1

两个数的和是 432。

这两个数的差是 178。

这两个数分别是多少？

- 画差－倍数模型使已知条件直观化。

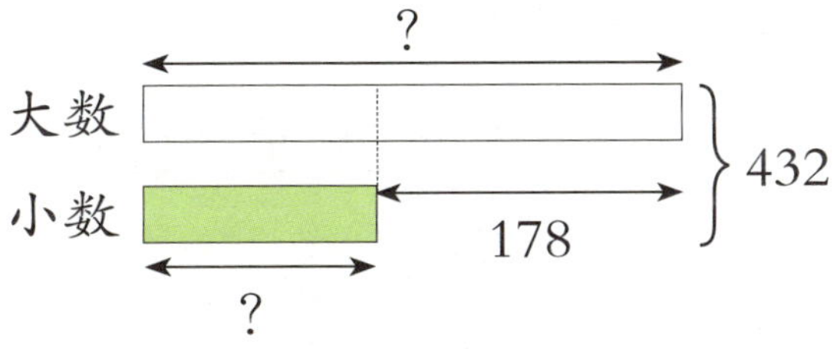

432 － 178 ＝ 254

2 个格子 — 254

小数：

1 个格子 — 254 ÷ 2 ＝ 127

大数：127 ＋ 178 ＝ 305

这两个数分别是 **127** 和 **305**。

数学思维

用 1 个格子表示小数，用“1 个格子 +178”表示大数。

多少个格子表示和？

答：2 个格子加 178。

我们首先需要算出什么？

答：2 个格子表示的数值。

用和（432）减差（178），算出 2 个格子表示的数值。

例题 2

三个组一共收集了 1830 个罐子用于再利用。

B 组收集的罐子比 A 组多 190 个，但是比 C 组少 250 个。

每组各收集了多少个罐子？

- 画模型图使已知条件直观化。

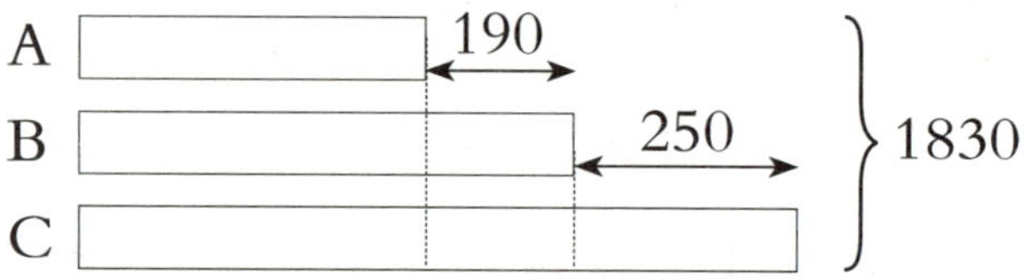

1830 − 190 − 190 − 250 = 1200（个）

3 个格子 — 1200 个

A 组：

1 个格子 — 1200 ÷ 3 = 400（个）

B 组：

400 + 190 = 590（个）

C 组：

590 + 250 = 840（个）

A 组收集了 **400** 个罐子。

B 组收集了 **590** 个罐子。

C 组收集了 **840** 个罐子。

数学思维

用 1 个格子表示 A 组收集的罐子的数量，用“1 个格子 + 190”表示 B 组收集的罐子的数量，用“1 个格子 + 190 + 250”表示 C 组收集的罐子的数量。

怎么表示收集的罐子的总数量？

答：<u>3 个格子 +190+190+250。</u>

我们首先需要算出什么？

答：<u>3 个格子表示的数值。</u>

用总数量减去两个差（第一个差：190；第二个差：190+250），算出 3 个格子表示的总数值。

练习 4.1

解决问题。画图建模，写出解题步骤和答案。

1. 两个数的和为 3420，一个数比另一个小 800。这两个数分别是多少？

2. 黄先生花了 2145 元买了一把椅子和一张桌子，桌子比椅子贵 639 元。桌子的价格是多少？

3. 三个孩子共收集了 270 本旧书。克莱尔收集的旧书比瑞安多 25 本，杰里收集的旧书比克莱尔多 19 本。杰里收集了多少本旧书？

4. 把一根长 368 厘米的圆木切成 A，B，C 三段。A 段比 B 段长 75 厘米，但是比 C 段短 50 厘米。C 段长多少厘米？

5.* 三个孩子分 1500 个回形针。阿尔文分到的回形针比戴维和艾琳一共分到的多 200 个。阿尔文分到了多少个回形针?

6.* 三个水箱中共装了 3000 升水。第一个水箱中装了 1260 升水，第二个水箱中比第三个水箱中多装了 460 升水。第二个水箱装了多少升水?

4.2 凑整模型概念

例题 1

三名高尔夫球选手一共用了548个高尔夫球。汤姆用的高尔夫球的数量是丹的3倍，马克比丹多用了63个。每人各用了多少个高尔夫球？

数学思维

用1个格子表示丹用的高尔夫球的数量，用3个格子表示汤姆用的高尔夫球的数量，用“1个格子+63”表示马克用的高尔夫球的数量。

怎么表示高尔夫球的总数量？

答：5个格子+63。

我们首先需要算出什么？

答：5个格子表示的总数值。

将总和（548）减去差（63），算出5个格子表示的总数值。

- 画模型图使已知条件直观化。

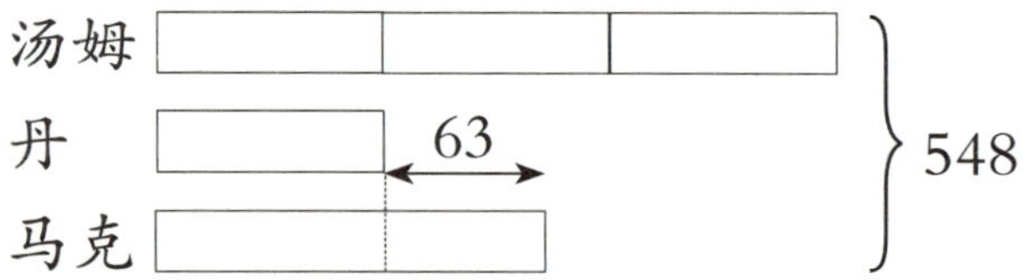

548 − 63 = 485（个）

5个格子 — 485个

丹：1个格子 — 485 ÷ 5 = 97（个）

汤姆：3个格子 — 3 × 97 = 291（个）

马克：97 + 63 = 160（个）

汤姆用了**291**个高尔夫球。

丹用了**97**个高尔夫球。

马克用了**160**个高尔夫球。

例题 2

约翰花 2530 元买了一台电视机、一部手机和一台照相机。电视机的价格是照相机的 3 倍，手机比电视机便宜 564 元。手机花了多少钱？

- 画模型图使已知条件直观化。

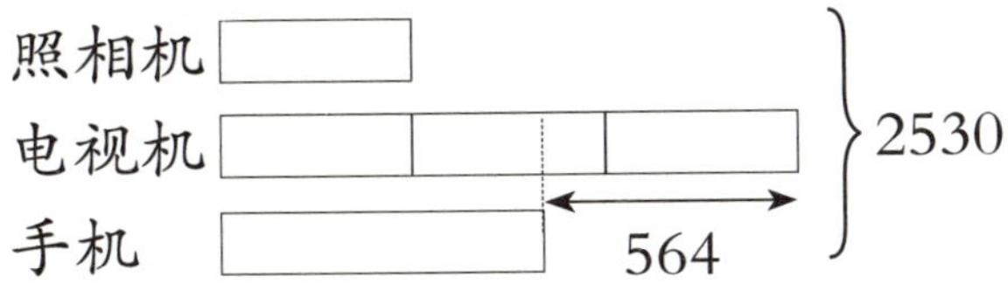

2530 + 564 = 3094（元）

7 个格子 — 3094 元

照相机：

1 个格子 — 3094 ÷ 7 = 442（元）

电视机：

3 个格子 — 3 × 442 = 1326（元）

手机：1326 − 564 = 762（元）

手机花了 **762** 元。

数学思维

用 1 个格子表示照相机的价格，用 3 个格子表示电视机的价格，用“3 个格子 − 564”表示手机的价格。

怎么表示花费总额？

答：7 个格子 −564。

我们首先需要算出什么？

答：7 个格子表示的总数值。

将总额（2530 元）和差（564 元）加起来，算出 7 个格子表示的总数值。

练习 4.2

解决问题。画图建模，并写出解题步骤和答案。

1. 把 300 本故事书放在 3 个盒子里。第一个盒子里的故事书比第二个盒子里的多 20 本，第三个盒子里的故事书的本数是第二个盒子里的 3 倍。第二个盒子里有多少本故事书？

2. 兄弟三人一共有 315 元。彼得的钱数是本的 2 倍，安迪比本多 39 元。安迪有多少钱？

3. 把一根长为 884 厘米的绳子切成 A，B，C 三段。A 段的长度是 B 段的 2 倍，C 段比 B 段短 136 厘米。C 段长多少厘米？

4. 一袋大米、一袋面粉和一袋糖的总质量是 149 千克。大米的质量是糖的 2 倍，面粉比大米轻 26 千克。面粉的质量是多少千克？

5. 马克、简和埃文一共有 780 元。马克比简多 45 元，简的钱数是埃文的 2 倍。马克有多少钱？

6.* 三个男孩分一些弹珠。艾伦分到的弹珠比布赖恩多 19 颗，布赖恩分到的弹珠的数量是加尔文的 3 倍，艾伦和布赖恩的弹珠总数比加尔文多 214 颗。他们每人各分到多少颗弹珠？

4.3 内部转移模型概念

例题 1

弗雷德和拉里一共有 214 辆玩具车。如果弗雷德给拉里 68 辆玩具车，那么他俩的玩具车数量相同。他们每人各有多少辆玩具车？

- 画内部转移模型使已知条件直观化。

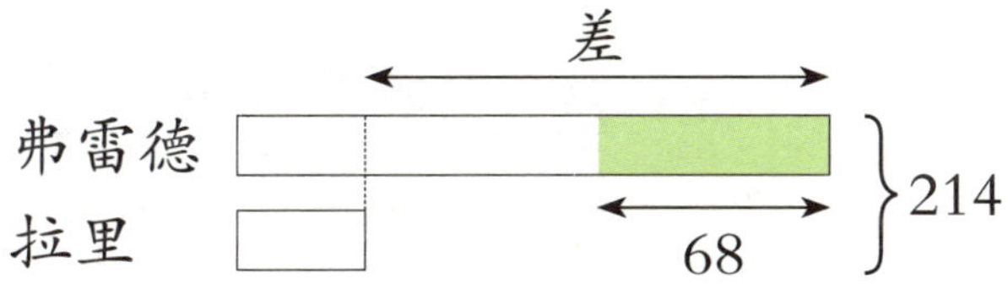

差：2 × 68 = 136（辆）

214 − 136 = 78（辆）

2 个格子 — 78 辆

拉里：1 个格子 — 78 ÷ 2 = 39（辆）

弗雷德：39 + 136 = 175（辆）

弗雷德有 **175** 辆玩具车。

拉里有 **39** 辆玩具车。

数学思维

两个人间的内部转移，一个人给出的数量等于另一个人得到的数量。

转移之前和之后，总量不变。

用 1 个格子表示拉里的玩具车数量，用“1 个格子 + 差”表示弗雷德的玩具车数量。

差和转移的数量之间，关系是什么？

答：差 = 转移的数量 × 2。

用总数（214）减差，算出 2 个格子表示的总数值。

然后，将计算结果除以 2，算出 1 个格子表示的数值。

例题 2

肖恩有 176 颗弹珠，
戴维的弹珠的数量是肖恩的 4 倍。
戴维要给肖恩多少颗弹珠，
他们的弹珠数量才会相同？

- 画模型图把已知条件直观化。

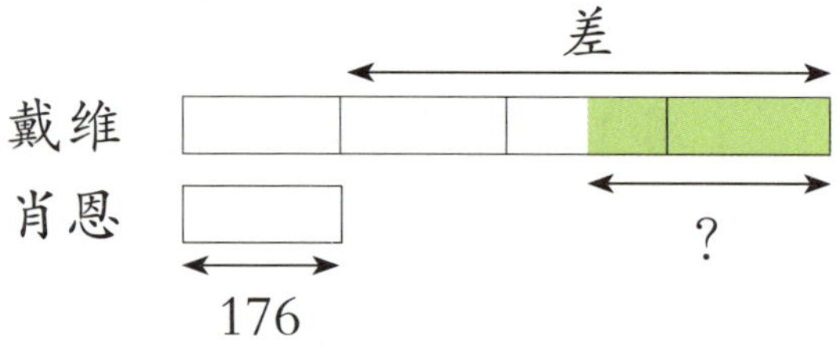

1 个格子 — 176 颗

差：

3 个格子 — 3 × 176 = 528（颗）

转移的数量：

528 ÷ 2 = 264（颗）

戴维要给肖恩 **264** 颗弹珠，他们的弹珠数量才会相同。

数学思维

用 1 个格子表示肖恩的弹珠的数量，用 4 个格子表示戴维的弹珠的数量。

多少个格子表示差？

答：3 个格子。

差和转移的数量之间的关系是什么？

答：转移的数量 = 差 ÷ 2。

例题 3*

马克杯A和马克杯B中一共有2400毫升牛奶。把260毫升牛奶从A倒进B后，A中的牛奶仍然比B多390毫升。马克杯B中原来有多少牛奶？

- 画模型图表示转移后的情况。

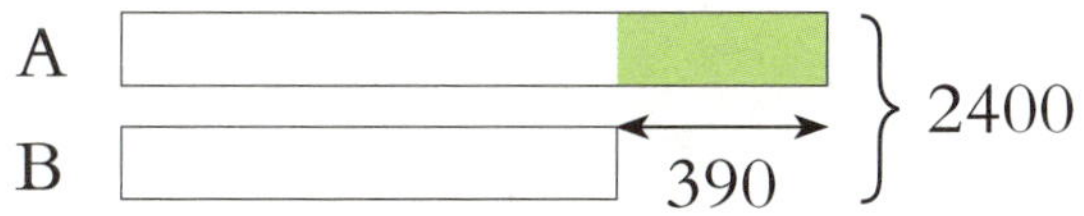

转移后

2400 − 390 = 2010（毫升）

2个格子 — 2010毫升

马克杯B：

1个格子 — 2010 ÷ 2 = 1005（毫升）

转移前

马克杯B：

1005 − 260 = 745（毫升）

马克杯B中原来有**745**毫升牛奶。

数学思维

用1个格子表示转移后马克杯B中牛奶的量，用“1个格子 +390”表示转移后马克杯A中牛奶的量。

转移之前和转移之后，牛奶的总量（2400毫升）保持不变。

我们首先需要算出什么？

答：2个格子表示的总数值。

用2400减去390，算出2个格子表示的总数值。

然后，将计算结果除以2，算出1个格子表示的数值。

再减260毫升，算出转移前马克杯B中原来牛奶的量。

练习 4.3

解决问题。画图建模，并写出解题步骤和答案。

1. 琼有 57 元，里基有 103 元。里基要给琼多少钱，才能使他们拥有的钱数相等？

2. 两包糖的总质量为 1070 克。如果把 B 包中的 145 克糖放到 A 包中，两包糖的质量相同。A 包中糖的质量是多少克？

3. 萨莉和她妹妹一共有 144 元。萨莉的钱数是妹妹的 2 倍。萨莉要给妹妹多少钱，她们拥有的钱数才会相等？

4. 保罗和埃里克一共收集了 270 张卡片。保罗收集的卡片的数量是埃里克的 4 倍。保罗要给埃里克多少张，他们拥有的卡片数量才会相同？

5.* 丹尼尔和吉米一共有 1860 张邮票。丹尼尔给了吉米 275 张邮票之后，他仍然比吉米多 344 张。吉米原来有多少张邮票？

6.* A 箱装了 563 个鸡蛋，B 箱装了 187 个鸡蛋。把一些鸡蛋从 A 箱移到 B 箱后，A 箱中的鸡蛋比 B 箱多 48 个。两个箱子中最后各有多少个鸡蛋？

4.4 之前-之后模型概念

例题 1

玛丽和埃翁一共收集了 592 枚邮票。在玛丽又收到 60 枚邮票后，她的邮票数量是埃翁的 3 倍。他们每人原来各有多少枚邮票？

- 画一个之前 – 之后模型图使已知条件直观化。

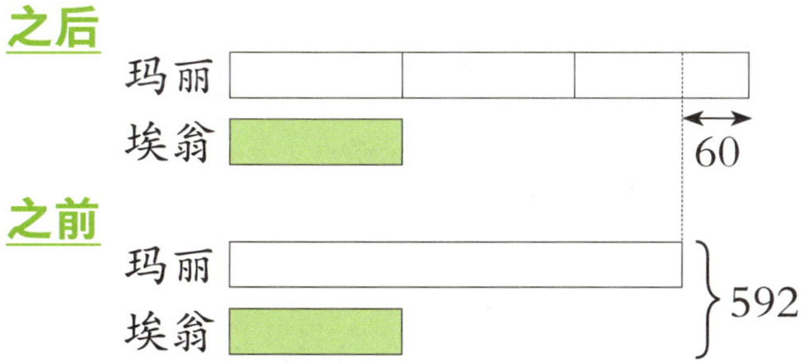

之后

总数：592 + 60 = 652（枚）

4 个格子 — 652 枚

埃翁：1 个格子 — 652 ÷ 4 = 163（枚）

玛丽：3 个格子 — 3 × 163 = 489（枚）

之前

玛丽：489 – 60 = 429（枚）

玛丽原来有 **429** 枚邮票，埃翁原来有 **163** 枚邮票。

数学思维

之后

用 1 个格子表示埃翁的邮票的数量，用 3 个格子表示玛丽的邮票的数量。

之前

因为埃翁的邮票的数量保持不变，所以用 1 个格子表示埃翁的邮票的数量，用“3 个格子 – 60”表示玛丽的邮票的数量。

多少个格子表示之后的邮票数总和？

答：4 个格子。

他们之后共有多少枚邮票？

答：（592+60）枚邮票。

例题 2

8年前李太太的年龄是儿子的3倍。

他们现在的年龄之和是64岁。

李太太现在多少岁？

- 画一个之前－之后模型图使已知条件直观化。

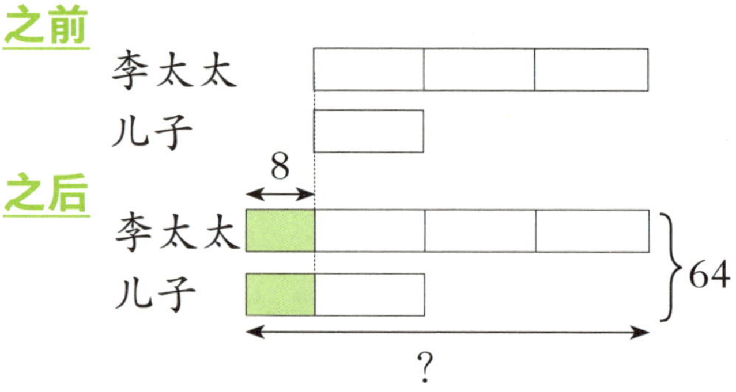

之后

64 − 8 − 8 = 48（岁）

4个格子 — 48岁

1个格子 — 48 ÷ 4 = 12（岁）

3个格子 — 3 × 12 = 36（岁）

李太太：36 + 8 = 44（岁）

李太太现在**44**岁。

数学思维

之前

用1个格子表示儿子的年龄，用3个格子表示李太太的年龄。

之后

用“1个格子+8”表示儿子的年龄，用“3个格子+8”表示李太太的年龄。

多少个格子表示他们现在的年龄之和？

答：4个格子+8+8。

如何算出4个格子表示的总数值？

答：64−8−8。

例题 3*

体育场里男孩的人数是女孩的2倍。
在138个女孩离开后，
男孩的人数是女孩的3倍。
体育场里原来有多少个孩子？

- 画一个之前–之后模型图使已知条件直观化。

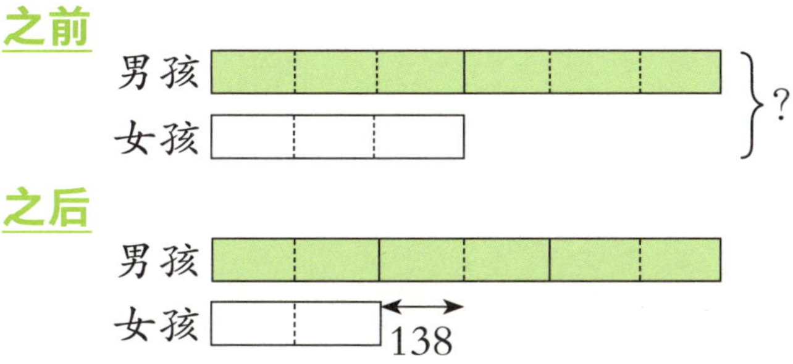

1个格子 — 138个

9个格子 — 9 × 138 = 1242（个）

体育场里原来有 **1242** 个孩子。

数学思维

之前

用1个较长的格子表示女孩的人数，用2个与之相同的格子表示男孩的人数。

之后

用1个较短的格子表示女孩的人数，用3个与之相同的格子表示男孩的人数。

男孩的人数保持不变，前后代表男孩人数的2个格子长度一样。

6是2和3的公倍数。因此，把代表男孩人数的2个格子再细分，把每个格子分成6个相同的更短的格子。

多少个更短的格子表示原来的总人数？

答：<u>（6+3）个更短的格子。</u>

多少个更短的格子表示离开体育场的女孩的人数(138)?

答：<u>（3−2）个更短的格子。</u>

练习 4.4

解决问题。画图建模，并写出解题步骤和答案。

1. 乔伊折的纸星星的数量是特里的 4 倍。特里又折了 225 个之后，他们折的纸星星的数量相同。乔伊折了多少个纸星星？

2. A 店某款手机的数量是 B 店的 2 倍。A 店卖出 270 台后，B 店该款手机的数量是 A 店的 3 倍。两家店原来各有多少台该款手机？

3. 琳达和艾伦一共有 113 颗糖果。艾伦又买了 27 颗糖果后，他的糖果的数量是琳达的 3 倍。每人原来各有多少颗糖果?

4. 花店有白玫瑰和红玫瑰两种花一共 280 朵。卖了 35 朵红玫瑰后，白玫瑰的数量是红玫瑰的 4 倍。原来有多少朵红玫瑰?

5.	6 年前，布赖恩的年龄是他的侄女珍妮的 3 倍。他们现在的年龄之和是 40 岁。布赖恩现在多大？

6.	琼的父亲现在的年龄是她的 4 倍。9 年后，他们的年龄之和是 83 岁。琼的父亲现在多少岁？

7. 把 760 条橡皮筋分给约翰和萨姆两人，约翰分到的橡皮筋的数量是萨姆的 3 倍。约翰用掉一部分橡皮筋后，萨姆的橡皮筋的数量是约翰的 2 倍。约翰用了多少条橡皮筋？

8.* A 壶里柠檬水的量是 B 壶的 2 倍。贝蒂从 B 壶中喝了 350 毫升后，A 壶里柠檬水的量是 B 壶的 3 倍。B 壶中原来有多少毫升柠檬水？

4.5 转换表达

例题 1

不同的图形代表不同的数。

把每行或每列的图形代表的数相加后，得出的和如图所示。

“？”表示的数是什么？

○	○	○	48
○	△	□	64
△	□	△	68
?	64	64	

数学思维

运用替换概念转换表达。

○ + ○ + ○ = 48 → ○ = 48 ÷ 3 = 16

○ + △ + □ = 64 → △ + □ = 64 − 16 = 48

△ + □ + △ = 68 → △ = 68 − 48 = 20

○ + ○ + △ = 16 + 16 + 20 = 52

“？”表示的数是 **52**。

例题 2

亨利花 3584 元买了 2 套音响和 3 个话筒。一套音响的价格是一个话筒的 2 倍。一套音响多少钱?

数学思维

运用替换概念转换表达。

◯ 代表一套音响的价格;

□ 代表一个话筒的价格。

◯ = □□

↓

◯◯ = □□□□

↓

◯◯ + □□□

= □□□□ + □□□

= 3584(元)

因此,

□ = 3584 ÷ 7 = 512(元)

◯ = 2 × 512 = 1024(元)

一套音响 **1024** 元。

练习 4.5

解答下列习题。写出解题步骤和答案。

1. 不同的字母代表不同的数。把每行或每列的字母代表的数相加，得出的和如图所示。“？”表示的数是什么？

A	A	A	36
A	B	C	35
B	C	B	37
?	35	35	

2. 不同的字母代表不同的数。把每行或每列的字母代表的数相加，得出的和如图所示。“？”表示的数是什么？

A	B	C	80
A	C	B	80
A	A	C	?
81	80	71	

3. 2箱草莓和3箱苹果总共224元。一箱草莓的价格是一箱苹果的2倍。一箱苹果多少钱？

4. 学校花4930元买了3台摄像机和4台投影仪。一台摄像机的价格是一台投影仪的2倍。一台摄像机多少钱？

5. 一家书店收到 A，B，C 三箱书。A 箱和 B 箱共 160 千克，B 箱和 C 箱共 200 千克，A 箱和 C 箱共 180 千克。三箱书共多少千克？

6.* 莱斯利买了 2 个记事本和 3 支钢笔。她发现用同样的钱可以买 7 个记事本，每个记事本 75 分。1 元等于 100 分。一支钢笔多少元？

简便计算

例题 1

一个壶里有一些牛奶。

罗杰喝了$\frac{7}{10}$升，琳达喝了$\frac{3}{5}$升，壶里还剩下$\frac{1}{5}$升。

壶里原来有多少升牛奶？

$$\frac{7}{10}+\frac{3}{5}+\frac{1}{5}$$
$$=\frac{7}{10}+\frac{4}{5}$$
$$=\frac{7}{10}+\frac{8}{10}$$
$$=\frac{5}{10}+\frac{2}{10}+\frac{8}{10}$$
$$=\frac{5}{10}+\left(\frac{2}{10}+\frac{8}{10}\right)$$
$$=\frac{5}{10}+1$$
$$=1\frac{1}{2}\text{（升）}$$

壶里原来有 $1\frac{1}{2}$ 升牛奶。

数学思维

首先，将分母相同的分数相加，简化运算（$\frac{3}{5}+\frac{1}{5}$）。

然后，通过凑整法简化运算。

$\frac{8}{10}$和$\frac{2}{10}$相加等于 1，可以把$\frac{7}{10}$拆分为$\frac{5}{10}$和$\frac{2}{10}$，$\frac{2}{10}$和$\frac{8}{10}$相加等于 1，然后再加上$\frac{5}{10}$。

例题 2

萨莉买了 5 千克黄油。她用了 $\frac{2}{3}$ 千克做蛋糕，用了 $\frac{5}{9}$ 千克做水果馅饼。

a. 她一共用了多少千克黄油？

b. 她还剩多少千克黄油？

a. $\frac{2}{3}+\frac{5}{9}$

$=\frac{6}{9}+\frac{5}{9}$

$=\frac{6}{9}+\frac{3}{9}+\frac{2}{9}$

$=1+\frac{2}{9}$

$=1\frac{2}{9}$（千克）

她一共用了 $1\frac{2}{9}$ 千克黄油。

b. $5-1\frac{2}{9}$

$=3+(2-1\frac{2}{9})$

$=3+\frac{7}{9}$

$=3\frac{7}{9}$（千克）

她还剩 $3\frac{7}{9}$ 千克黄油。

数学思维

a. 通过凑整法简化运算。

$\frac{6}{9}$ 和 $\frac{3}{9}$ 相加等于1，可以把 $\frac{5}{9}$ 拆分组为 $\frac{3}{9}$ 和 $\frac{2}{9}$，$\frac{3}{9}$ 和 $\frac{6}{9}$ 相加等于1，然后再加上 $\frac{2}{9}$。

b. $1\frac{2}{9}$ 和 $\frac{7}{9}$ 相加等于 2，可以把 5 拆分为 3 和 2，2 减 $1\frac{2}{9}$ 等于 $\frac{7}{9}$，然后再加上 3。

练习 5

解决问题。写出解题步骤和答案。

1. 林太太有一些面粉，她用了 $\frac{7}{8}$ 千克做小圆面包，还剩 $\frac{3}{4}$ 千克。她原来有多少千克面粉？

2. 邮递员送来两个包裹。一个包裹的质量是 $\frac{5}{6}$ 千克，另一个的质量是 $\frac{2}{3}$ 千克。这两个包裹的质量一共是多少千克？

3. 加里星期一游了 $\frac{3}{8}$ 千米，星期二游了 $\frac{3}{4}$ 千米，星期三游了 $\frac{5}{8}$ 千米。他这三天一共游了多少千米？

4. A壶装了 $\frac{5}{12}$ 升橙汁，B壶比A壶多装了 $\frac{3}{4}$ 升。两个壶一共装了多少升橙汁？

5. 雷有一根长2米的电线，他做作业用了 $\frac{7}{9}$ 米。剩下的电线长多少米？

6. 吉纳买了2块蛋糕，她把一块蛋糕的 $\frac{1}{2}$ 给了梅，另一块蛋糕的 $\frac{5}{12}$ 给了琼。吉纳的蛋糕还剩几块？

7. 一条缎带长 6 米。温迪上午用了 $\frac{1}{3}$ 米，下午用了 $\frac{11}{12}$ 米。这条缎带还剩多少米？

8. 一袋鱼的质量为 $\frac{4}{5}$ 千克，一袋虾比一袋鱼轻 $\frac{1}{10}$ 千克。这袋鱼和这袋虾的总质量是多少千克？

9. 一个水箱里有 12 升水，往马克杯里倒了 $\frac{1}{2}$ 升水，往瓶子里倒了 $\frac{5}{6}$ 升水。这个水箱里还剩多少升水？

6 用四则运算解决问题

单位模型概念

例题 1

萨姆有 54 元。

他把其中的 $\frac{2}{3}$ 捐出去了。

他捐了多少钱？

- 画模型图使已知条件直观化。

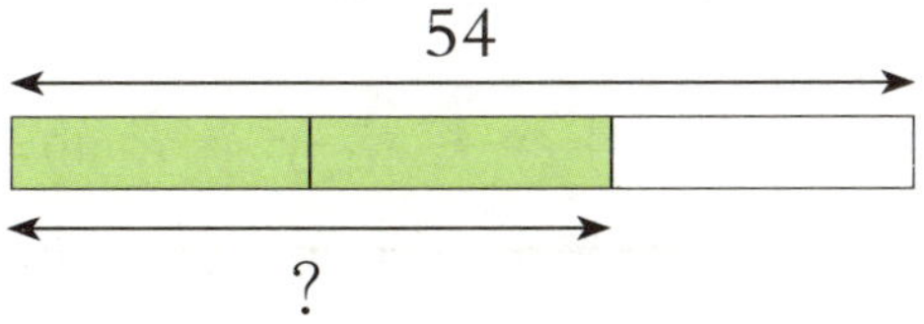

3 个格子 — 54 元

1 个格子 — 54 ÷ 3 = 18（元）

2 个格子 — 2 × 18 = 36（元）

他捐了 **36** 元。

数学思维

用一个较长的格子表示萨姆的总钱数。

将这个较长的格子分成 3 个相等的短格子（表示分数的分母）。

多少个相等的短格子表示捐出去的钱？

答：2 个相等的短格子。

我们首先需要算出什么？

答：1 个短格子表示的数值。

例题 2

学校里有 750 个男生。

男生占学生总人数的 $\frac{3}{5}$。

学校里一共有多少个学生?

- 画模型图使已知条件直观化。

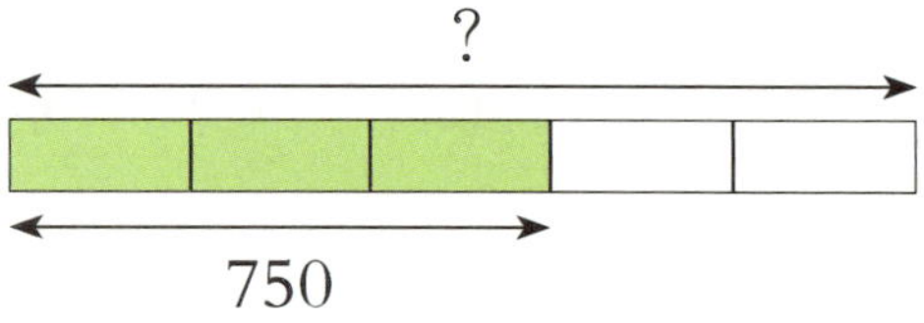

3 个格子 — 750 个

1 个格子 — 750 ÷ 3 = 250（个）

5 个格子 — 5 × 250 = 1250（个）

学校里一共有 **1250** 个学生。

数学思维

用一个较长的格子表示学生的总人数，这个较长的格子由 5 个相等的短格子组成，即分数的分母。

多少个相等的短格子表示男生的人数?

答：3 个相等的短格子。

我们首先需要算出什么?

答：1 个短格子表示的数值。

例题 3

花店老板有 133 朵玫瑰。

她卖出去了 $\frac{5}{7}$ 的玫瑰。

她还剩多少朵玫瑰？

- 画模型图使已知条件直观化。

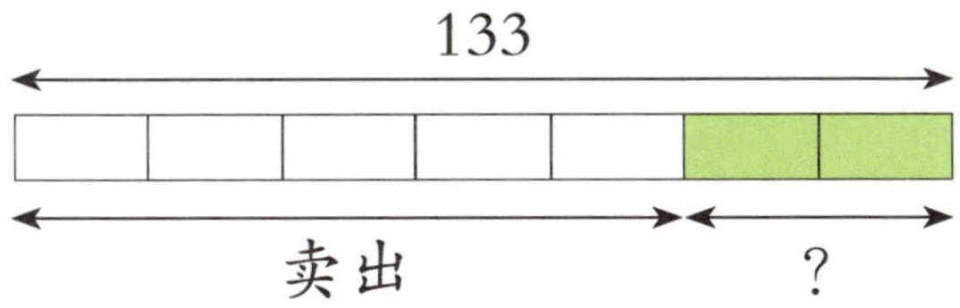

7 个格子 — 133 朵

1 个格子 — 133 ÷ 7 = 19（朵）

2 个格子 — 2 × 19 = 38（朵）

她还剩 **38** 朵玫瑰。

数学思维

用一个较长的格子表示玫瑰的总数量，这个较长的格子由 7 个相等的短格子组成，即分数的分母。

多少个相等的短格子表示卖出去的玫瑰的数量？

答：5 个相等的短格子。

多少个相等的短格子表示剩余的玫瑰的数量？

答：（7−5）个相等的短格子。

我们首先需要算出什么？

答：1 个短格子表示的数值。

例题 4*

萨拉买了一些糖果。

她把这些糖果的 $\frac{3}{5}$ 给了汤姆，

又给了安 28 颗，

她还剩 46 颗。

萨拉一共买了多少颗糖果？

- 画模型图使已知条件直观化。

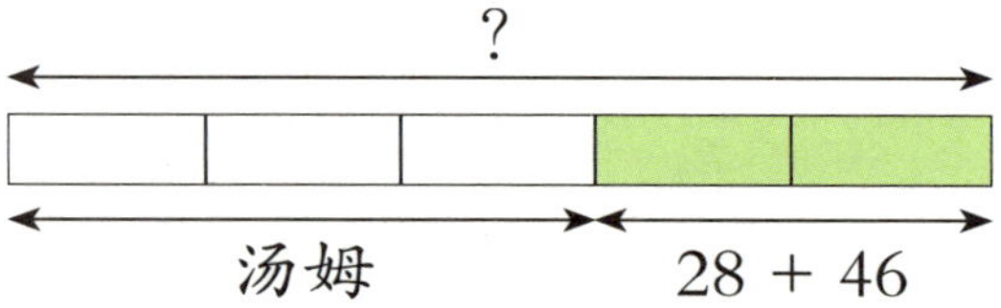

28 + 46 = 74（颗）

2 个格子 — 74 颗

1 个格子 — 74 ÷ 2 = 37（颗）

5 个格子 — 5 × 37 = 185（颗）

萨拉一共买了 **185** 颗糖果。

数学思维

用一个较长的格子表示糖果的总数量，这个较长的格子由 5 个相等的短格子组成，即分数的分母。

多少个相等的短格子表示给汤姆的糖果的数量？

答：3 个相等的短格子。

多少个相等的短格子表示给安的糖果和萨拉剩下的糖果的数量之和（28+46）？

答：（5−3）个相等的短格子。

我们首先需要算出什么？

答：1 个短格子表示的数值。

练习 6

解决问题。画图建模，并写出解题步骤和答案。

1. 艺术俱乐部里有 $\frac{2}{3}$ 的小朋友是男生，男生有 34 个。艺术俱乐部一共有多少个小朋友？

2. 文具店里有 80 个铅笔盒。卖出去其中的 $\frac{3}{5}$，还剩多少个铅笔盒？

3. 丹尼尔给 147 只气球充了气，其中 $\frac{4}{7}$ 是红气球，其余的是蓝气球。蓝气球有多少只？

4. 珍妮制作饮料用了 180 毫升蜂蜜，用掉的蜂蜜是这瓶蜂蜜的 $\frac{3}{10}$。瓶子里原来有多少毫升蜂蜜？

5. 珍妮有一些邮票。她把其中的 $\frac{1}{4}$ 给了朋友，还剩 84 枚。珍妮原来有多少枚邮票？

6. 特里有一些钱，他花了其中的 $\frac{3}{8}$，还剩 120 元。特里原来有多少钱？

7. 看表演的观众中有 $\frac{5}{7}$ 是孩子，孩子比成人多 354 名。一共有多少名观众？

8.* 保罗有 142 条孔雀鱼，他给了吉姆 7 条，然后卖出剩余孔雀鱼的 $\frac{2}{5}$。保罗最后剩下多少条孔雀鱼？

9.* 一家剧院里，成人占了 $\frac{4}{9}$ 的座位，孩子占了 370 个座位，空座位有 60 个。这家剧院一共有多少个座位？

10.* 160 名学生参加了某场比赛。$\frac{2}{5}$ 的学生获得了银牌，15 名学生获得了金牌，剩余的学生获得了铜牌。有多少名学生获得了铜牌？

7 用混合运算解决问题

7.1 单位模型概念

例题

一位老师买了 240 支记号笔。

其中的 $\frac{1}{4}$ 是红色记号笔，

$\frac{1}{8}$ 是蓝色记号笔，

剩余的是黑色记号笔。

她买了多少支黑色记号笔？

- 画模型图使已知条件直观化。

$\frac{1}{4}=\frac{2}{8}$

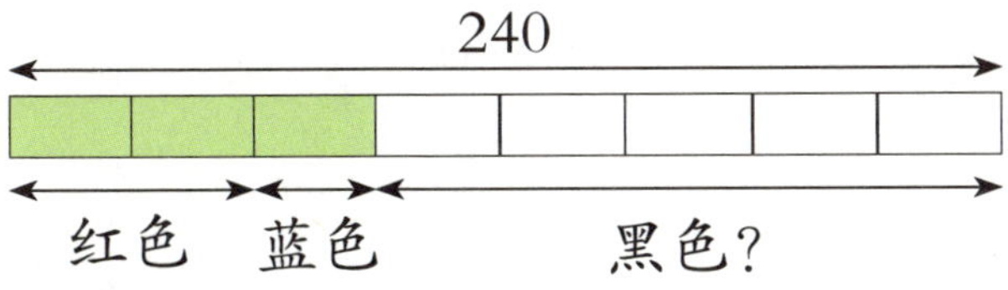

8 个格子 — 240 支

1 个格子 — 240 ÷ 8 = 30（支）

黑色：

5 个格子 — 5 × 30 = 150（支）

她买了 **150** 支黑色记号笔。

数学思维

我们首先需要做什么？

答：把异分母分数化成同分母分数。

多少个格子表示记号笔的总数量？

答：8 个格子。

多少个格子表示红色记号笔的数量？

答：2 个格子。

多少个格子表示蓝色记号笔的数量？

答：1 个格子。

多少个格子表示黑色记号笔的数量？

答：（8−2−1）个格子。

我们首先需要算出什么？

答：1 个格子表示的数值。

练习 7.1

解决问题。画图建模，并写出解题步骤和答案。

1. 安迪有 138 元，他花了 $\frac{1}{6}$ 买了一副耳机，又花了 $\frac{1}{3}$ 买了一个话筒。他还剩多少钱？

2. 盒子里有 256 颗弹珠，其中 $\frac{1}{4}$ 是红色弹珠，$\frac{3}{8}$ 是蓝色弹珠，剩余的是绿色弹珠。盒子里有多少颗绿色弹珠？

3. 吴太太烤了一些饼干，她把 $\frac{5}{9}$ 的饼干给了艾伦，$\frac{1}{3}$ 给了本，剩下的饼干给了约翰。艾伦得到的饼干比约翰多 68 块。吴太太烤了多少块饼干?

4.* 尼克花 $\frac{1}{10}$ 的钱买了一块手表，花 $\frac{3}{5}$ 的钱买了一套音响，又买了一些卡片，还剩 75 元。如果尼克原来有 550 元，那么他买卡片花了多少钱?

7.2* 部分–整体单位模型概念

例题*

琼烤了 150 块饼干。

她给了萨姆 25 块，

又给了玛丽一些。

最后她还剩 $\frac{3}{5}$ 的饼干。

a. 她还剩多少块饼干？

b. 她给了玛丽多少块饼干？

- 画一个部分–整体模型使已知条件直观化。

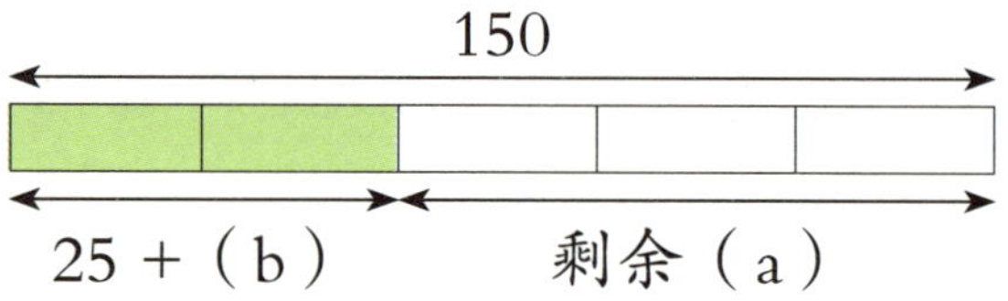

a. 总数：

5 个格子 — 150 块

1 个格子 — 150 ÷ 5 = 30（块）

剩余：

3 个格子 — 3 × 30 = 90（块）

她还剩 **90** 块饼干。

b. 玛丽：150 − 90 − 25 = 35（块）

她给了玛丽 **35** 块饼干。

数学思维

用一个较长的格子表示总数（150），这个较长的格子由 5 个相等的短格子组成。

多少个相等的短格子表示琼剩余的饼干数量？

答：3 个相等的短格子。

多少个相等的短格子表示给萨姆和玛丽的饼干的总数［25 +（b）］？

答：(5–3)个相等的短格子。

我们首先需要算出什么？

答：1 个格子表示的数值。

练习 7.2

解决问题。画图建模，并写出解题步骤和答案。

1.* 乔治有 120 元，他花 18 元买了一本词典，又花一些钱买了一个计算器。之后，他还剩 $\frac{3}{4}$ 的钱。

a. 他还剩多少钱？

b. 买计算器花了多少钱？

2.* 戴维有 230 颗弹珠，他给了尼克 56 颗，又给了彼得一些，之后还剩 $\frac{2}{5}$ 的弹珠。他给了彼得多少颗弹珠？

3.* 莉莉买了一包贴纸，有256张。她给了弟弟98张，又给了妹妹一些，之后她还剩$\frac{3}{8}$的贴纸。她给了妹妹多少张贴纸？

4.* 把一些硬币分给三个姐妹。玛丽分到了硬币的$\frac{1}{5}$，简分到的硬币比玛丽多3枚，西尔维亚分到了12枚硬币。三姐妹一共分了多少枚硬币？

7.3 比较单位模型概念

例题

爱德华一共花 105 元买了一条领带和一件衬衫。领带的价格是衬衫的 $\frac{2}{5}$。

a. 这件衬衫多少钱?

b. 衬衫比领带贵多少钱?

- 画一个比较模型使已知条件直观化。

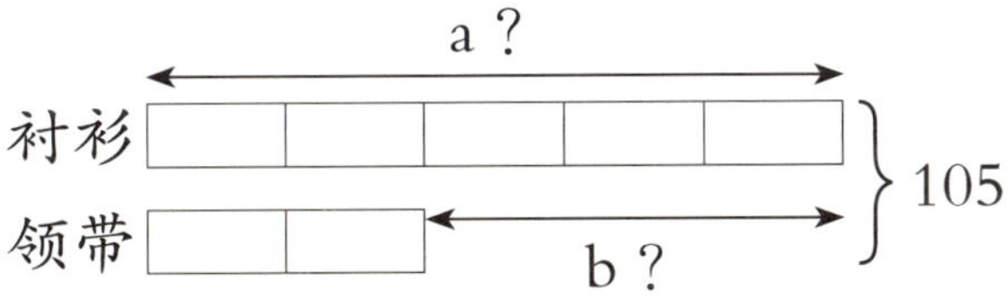

a. 7 个格子 — 105 元

1 个格子 — 105 ÷ 7 = 15（元）

5 个格子 — 5 × 15 = 75（元）

这件衬衫 **75** 元。

b. 3 个格子 — 3 × 15 = 45（元）

衬衫比领带贵 **45** 元。

数学思维

用一个长格子表示领带的价格，这个长格子由 2 个相等的短格子组成。

用另一个更长的格子表示衬衫的价格，这个更长的格子由 5 个与上述同样的相等的短格子组成。

把两个较长格子的起点对齐。

多少个相等的短格子表示总花费（105）?

答：7 个相等的短格子。

多少个相等的短格子表示差值?

答：3 个相等的短格子。

我们首先需要算出什么?

答：1 个短格子表示的数值。

练习 7.3

解决问题。画图建模，并写出解题步骤和答案。

1. 琳达在数学和科学考试中一共得了 168 分，她的科学成绩是数学成绩的 $\frac{3}{4}$。她两门功课各得了多少分？

2. 戴恩的存款是卡尔文的 $\frac{3}{5}$，他们一共存了 1000 元。卡尔文比戴恩多存了多少钱？

3.* 约翰的书签的数量是安娜的 $\frac{3}{7}$，他们一共有 320 个书签。安娜要给约翰多少个书签，才能使他们的书签的数量相同？

4.* 丹尼的存款的 $\frac{1}{2}$ 是伊冯娜的 $\frac{2}{5}$，丹尼存了 380 元。伊冯娜存了多少钱？

7.4* 部分和单位模型概念

例题

花店有 150 朵郁金香，

上午卖了其中的 $\frac{1}{3}$，

下午卖了剩余部分的 $\frac{3}{4}$。

还有多少朵郁金香没有卖出去？

- 画模型图使已知条件直观化。

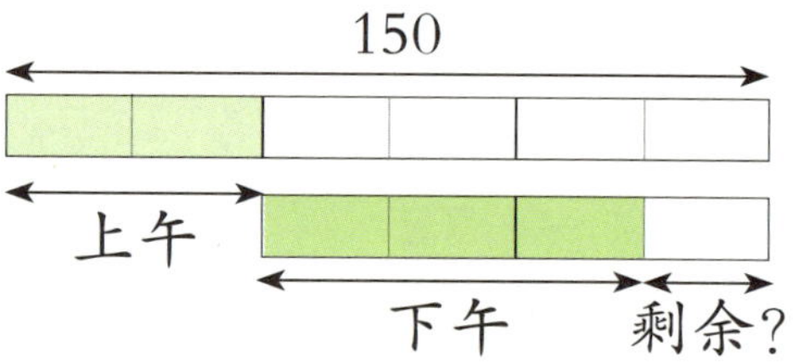

6 个格子 — 150 朵

1 个格子 — 150 ÷ 6 = 25（朵）

还有 **25** 朵郁金香没有卖出去。

数学思维

首先，用一个较长的格子表示郁金香的总数量（150），这个较长的格子由 3 个部分组成，每个部分相等。1 个部分表示上午卖出的郁金香数量，另外的 2 个部分表示上午卖剩的郁金香的数量。再把每个部分分成 2 个相等的短格子，这样上午卖剩的郁金香数量可以用 4 个相等的短格子表示。

多少个相等的短格子表示郁金香的总数量？

答：6 个相等的短格子。

多少个相等的短格子表示下午卖出去的郁金香的数量？

答：3 个相等的短格子。

多少个相等的短格子表示没有卖出去的郁金香的数量？

答：1 个短格子。

练习 7.4

解决问题。画图建模，并写出解题步骤和答案。

1.* 格雷斯买了 600 克糖，她做甜点用了其中的 $\frac{1}{5}$ ，烤饼干又用了余下部分的 $\frac{1}{2}$ 。剩下多少克糖？

2.* 亨利有 108 个回形针，他把其中的 $\frac{1}{3}$ 给了吉米，又把余下的 $\frac{5}{6}$ 给了简。亨利还剩多少个回形针？

3.* 琼有一笔钱，她花了其中的 $\frac{1}{4}$ 买了一条连衣裙，用余下钱数的 $\frac{1}{6}$ 买了一个手提包。她还剩 175 元。琼原来有多少钱？

4.* 吴太太做了一些甜品，其中 $\frac{3}{5}$ 是蛋挞，余下部分的 $\frac{3}{4}$ 是水果挞，蛋挞比水果挞多 114 个。吴太太一共做了多少个甜品？

部分－整体模型和比较模型

例题 1

苏明有 20 元。
她花 11.80 元买了一本故事书，
花 3.50 元买了一套书签。
她还剩多少钱？

数学思维

用一个较长的格子表示故事书的价格，用一个较短的格子表示一套书签的价格，用任意长短的格子来表示剩余的金额。将格子依次排成一行。

用整体减去已知的两个部分，算出未知的部分。

- 已知整体和其中一部分，画一个部分－整体模型算出另一部分。

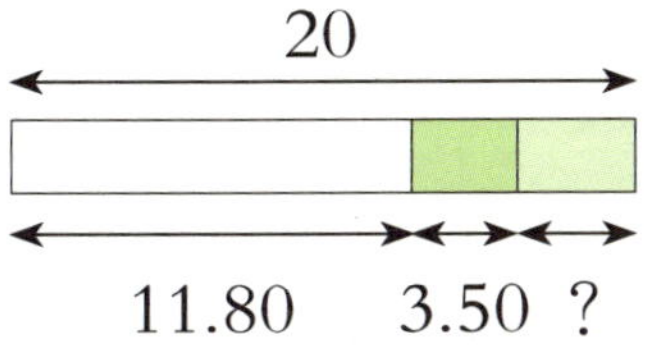

20 － 11.80 － 3.50 = 4.70（元）

她还剩 **4.70** 元。

例题 2

詹姆斯跑了 3.6 千米。

萨拉跑的距离比詹姆斯短 1.45 千米。

他们跑的总距离是多少千米？

- 画一个比较模型使已知条件直观化。

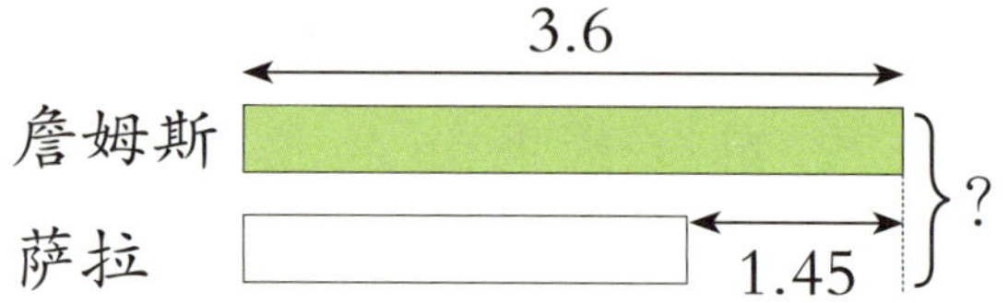

萨拉：$3.6 - 1.45 = 2.15$（千米）

总和：$2.15 + 3.6 = 5.75$（千米）

他们跑的总距离是 **5.75** 千米。

数学思维

用一个较长的格子表示詹姆斯跑的距离，用一个较短的格子表示萨拉跑的距离，差为 1.45 千米。两个格子的起点相同。

我们首先需要算出什么？

答：较短的格子表示的数值。

用较长的格子表示的数值减去差，算出较短的格子表示的数值。

然后，将这两个格子表示的数值相加，算出和。

练习 8

解决问题。画图建模，并写出解题步骤和答案。

1. 梅有一根丝带，她用了 32.5 厘米系礼物，又用了 21.9 厘米系蝴蝶结，之后这条丝带还剩 18.6 厘米。这条丝带原来有多长？

2. 艾琳花 3.75 元买了一支记号笔，又花 5.75 元买了一个文件夹，还花 6.50 元买了一本书。她总共花了多少钱？

3. 安娜要买一个价格为 12.75 元的洋娃娃，一个价格为 21.85 元的泰迪熊。她给了收银员 50 元，她会收到多少找零？

4.　萨姆三次一共喝了 2.5 升水，其中第一次喝了 0.45 升，第二次喝了 0.75 升。他第三次喝了多少升水?

5.　埃米买了一条短裙和一块手表，短裙的价格为 56.20 元，手表比短裙贵 33.50 元。她一共花了多少钱?

6.　把一条绳子剪成 A，B 两段，A 段比 B 段短 1.5 米，B 段长 3.7 米。这条绳子原来长多少米?

9 用乘法和除法解决问题

9.1 单位模型概念

例题 1

约翰有 8.40 元。

他的钱数是阿尔文的 3 倍。

他们一共有多少钱？

数学思维

用 1 个格子表示阿尔文的钱数，用 3 个格子表示约翰的钱数。

多少个格子表示总额？

答：4 个格子。

我们首先需要算出什么？

答：1 个格子表示的数值。

- 画模型图使已知条件直观化。

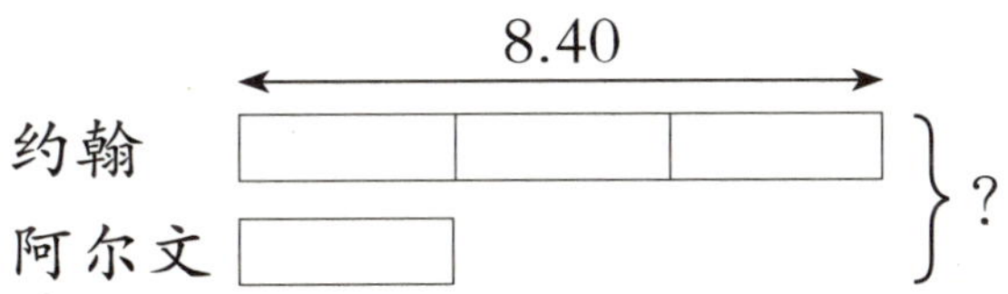

3 个格子 — 8.40 元

1 个格子 — 8.40 ÷ 3 = 2.80（元）

4 个格子 — 4 × 2.80 = 11.20（元）

他们一共有 **11.20** 元。

例题 2

一个箱子里有 4 辆相同的玩具车，箱子和玩具车的总质量是 12.32 千克。空箱子的质量是 1.56 千克。一辆玩具车的质量是多少千克？

- 画模型图使已知条件直观化。

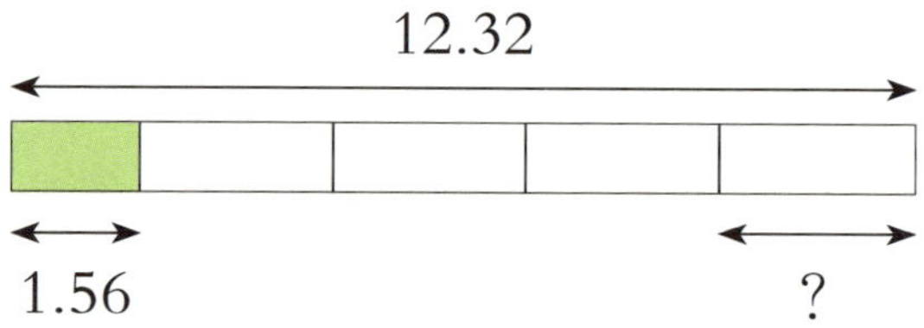

12.32 − 1.56 = 10.76（千克）

4 个格子 — 10.76 千克

1 个格子 — 10.76 ÷ 4 = 2.69（千克）

一辆玩具车的质量是 **2.69** 千克。

数学思维

用一个较长的格子表示 4 辆玩具车的质量，这个较长的格子由 4 个相等的短格子组成。

用另一个较短的格子表示空箱子的质量。把这些格子依次排成一行。

箱子和 4 辆玩具车的总质量是多少？

答：4 个相等的短格子 +1.56。

我们首先需要算出什么？

答：4 个相等的短格子表示的总数值。

用 12.32 减去 1.56，算出 4 个相等的短格子表示的总数值。

例题 3

买两个文件夹和一支钢笔共花了18.55元。

一个文件夹比一支钢笔贵1.70元。

一个文件夹的价格是多少钱？

- 画模型图使已知条件直观化。

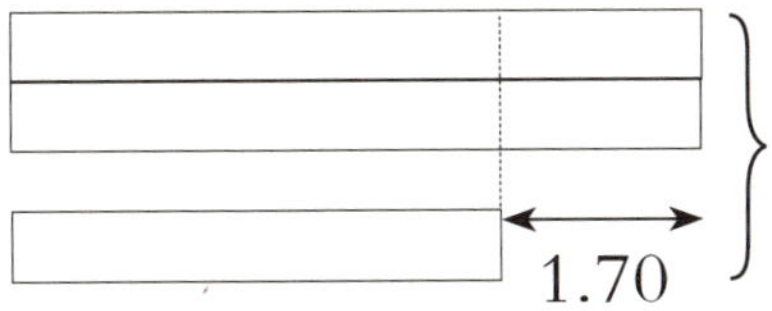

18.55 + 1.70 = 20.25（元）

3个格子 — 20.25元

一个文件夹：

1个格子 — 20.25 ÷ 3 = 6.75（元）

一个文件夹的价格是 **6.75** 元。

数学思维

用1个格子表示一个文件夹的价格。用“1个格子 − 1.70”表示一支钢笔的价格。

怎么表示花费的总额？

答：3个相等的格子 −1.70。

我们首先需要算出什么？

答：3个相等的格子表示的总数值。

把1.70元和花费总额（18.55元）相加，算出3个相等的格子表示的总数值。

练习 9.1

解决问题。画图建模，并写出解题步骤和答案。

1. 一罐饮料的价格是 6.80 元，一罐奶粉的价格是一罐饮料的 3 倍。买一罐饮料和一罐奶粉，一共花了多少钱？

2. 琳达存了 9.80 元，她存的钱是弟弟的 4 倍。琳达比弟弟多存了多少钱？

3. 丹尼花 23.70 元买了一本漫画书和一本小说，漫画书的价格是小说的 2 倍。漫画书的价格是多少？

4. 杰里米买了 3 本相册，每本相册的价格是 9.20 元。杰里米还剩 12.60 元。杰里米原来有多少钱?

5. 亨利买了 4 个相同的笔记本。他给了收银员 50 元，收到找零 4.20 元。一个笔记本的价格是多少钱?

6. 一个木箱里装了 7 个球，木箱和球的总质量是 21.6 千克，每个球的质量是 2.4 千克。空木箱的质量是多少千克?

7. 特里有 2.40 元零花钱，马克的零花钱是特里的 3 倍，吉米的零花钱比马克少 1.90 元。吉米有多少元零花钱？

8. 弗兰克花 10 元买了 3 支铅笔和 2 支记号笔，一支记号笔的价格是 3.20 元。一支铅笔的价格是多少钱？

9. 一个记事本、一个订书机和一个铅笔盒总共 11.40 元。记事本比订书机便宜 1.50 元，铅笔盒比订书机贵 2.10 元。铅笔盒的价格是多少？

10. 安娜花 72 元买了一副耳环、一条腰带和一件连衣裙。耳环比腰带贵 7.50 元，连衣裙的价格是腰带的 3 倍。连衣裙的价格是多少？

11.* 珍妮花 122.80 元买了 3 盒月饼和 1 盒鸡肉松，一盒月饼比一盒鸡肉松贵 7.60 元。一盒月饼的价格是多少？

12.* 德斯蒙德花 12.50 元买了 2 条毛巾和 3 个马克杯，一条毛巾比一个马克杯贵 1.50 元。一个马克杯的价格是多少？

9.2 画图解题

例题

沿一条直线种植植物，任意相邻两株植物之间的距离相等。

第二株和第五株植物之间的距离是 2.16 米。

第一株和第九株植物之间的距离是多少米？

数学思维

用 1 个间隔表示任意相邻两株植物之间的距离。

第二株和第五株植物之间有多少个间隔？

答：3 个间隔。

第一株和第九株植物之间有多少个间隔？

答：8 个间隔。

✪ 注意：间隔的数量始终比物体的数量少 1。

- 画图使已知条件直观化。

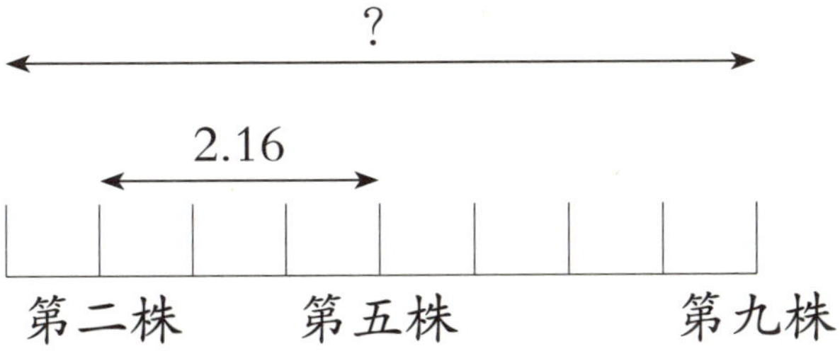

从第二株到第五株：

3 个间隔 — 2.16 米

1 个间隔 — 2.16 ÷ 3 = 0.72（米）

从第一株到第九株：

8 个间隔 — 8 × 0.72 = 5.76（米）

第一株和第九株植物之间的距离是 **5.76** 米。

练习 9.2

解决问题。画图解题，并写出解题步骤和答案。

1. 沿着直线把幼苗栽种成一排，任意相邻两株幼苗之间的距离相等。第一株和第三株幼苗之间的距离是 1.06 米。第一株和第六株幼苗之间的距离是多少米？

2. 九根旗杆沿着笔直的马路排成一排，任意相邻两根旗杆之间的距离相等。第二根与第四根旗杆之间的距离是 35.8 米。第一根与最后一根旗杆之间的距离是多少米？

3. 沿着笔直的马路，把十二棵树栽种成一排，任意相邻两棵树之间的距离相等。第三棵和第六棵树之间的距离是 8.7 米。第一棵和最后一棵树之间的距离是多少米？

4.* 如图所示，尼基沿着长方形的宽摆了 5 颗弹珠，沿着长方形的长摆了 7 颗弹珠。任意两颗弹珠中心之间的距离为 0.69 米。长方形的周长是多少米？

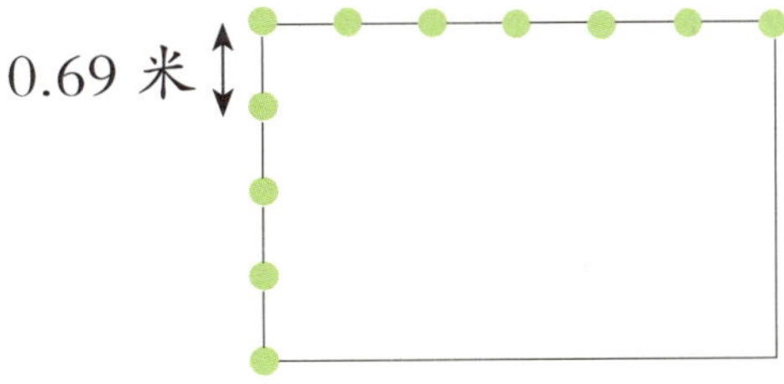

10.1 转换表达

例题

西蒙把一张长方形卡片（图形 1）剪成三个相同的小长方形，并用这些小长方形拼成了图形 2。图形 2 的周长是多少厘米？

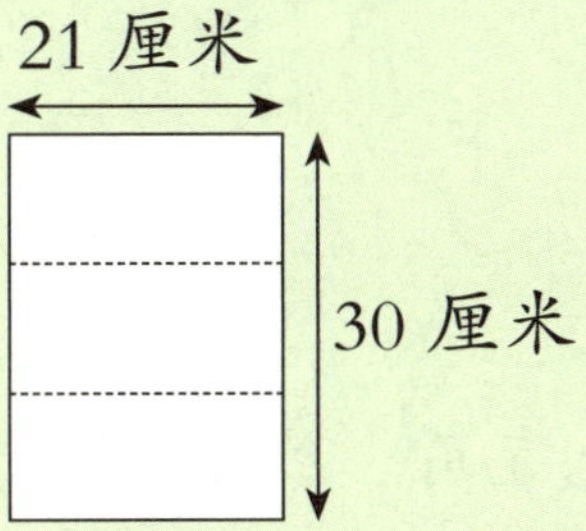

图形 1

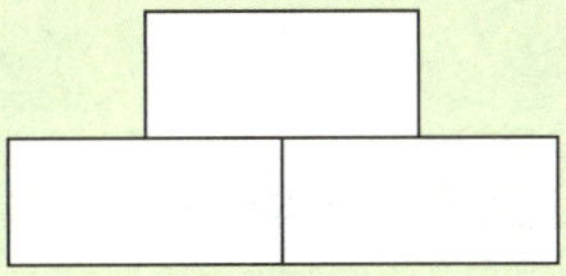

图形 2

数学思维

图形 2 的周长与所示大长方形的周长相等。

- 运用替换概念转换表达。

如图所示，图形 2 的周长与如下所示的大长方形的周长相等。

小长方形的宽：30 ÷ 3 = 10（厘米）

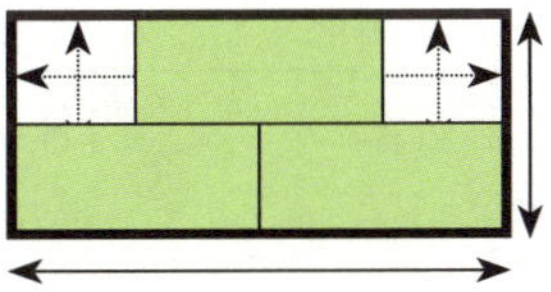

42 + 42 + 20 + 20 = 124（厘米）

图形 2 的周长是 **124** 厘米。

练习 10.1

解答下列习题。写出解题步骤和答案。

1. 下图由两个正方形组成。这个图形的周长是多少厘米?

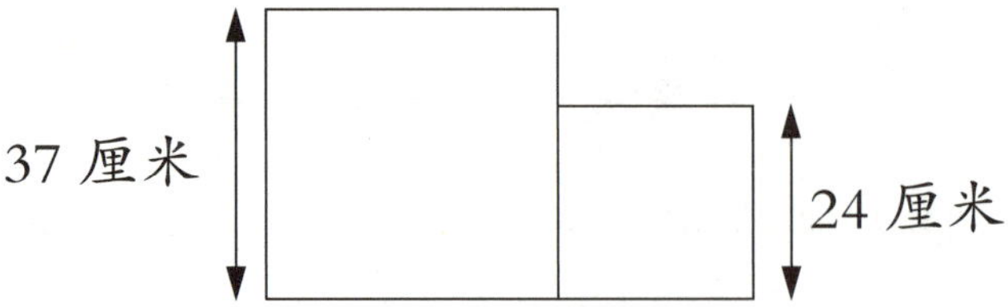

2. 下面图形中所有的线段相交所形成的角均是直角。线段 GH 长 18 厘米，线段 AG 长 12 厘米。这个图形的周长是多少厘米?

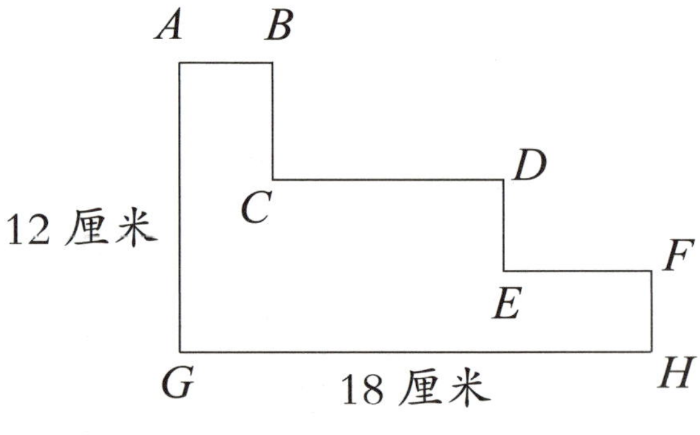

3.* 乔伊用 4 块相同的长方形瓷砖拼成了如图所示的图形。每块长方形瓷砖的长为 1 米，宽为 0.5 米。这个图形的周长是多少米？

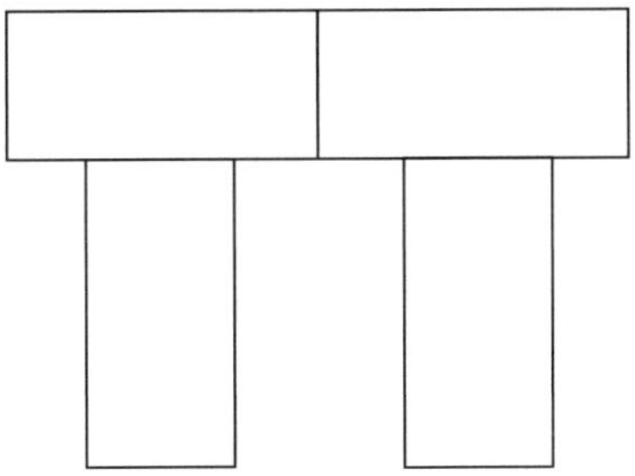

4.* 下图由 3 个相同的长方形组成，它的周长是 140 厘米。该图形的面积是多少平方厘米？

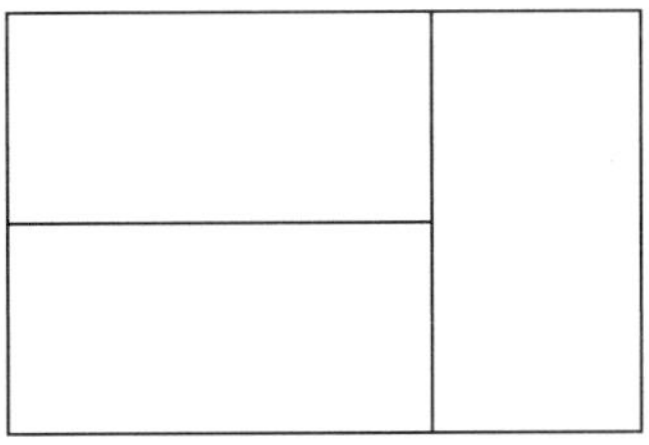

10.2 系统列表解题

例题

下图由两个正方形组成，

总面积为 45 平方米。

已知两个正方形的边长都是整数。

两个正方形的面积分别是多少平方米?

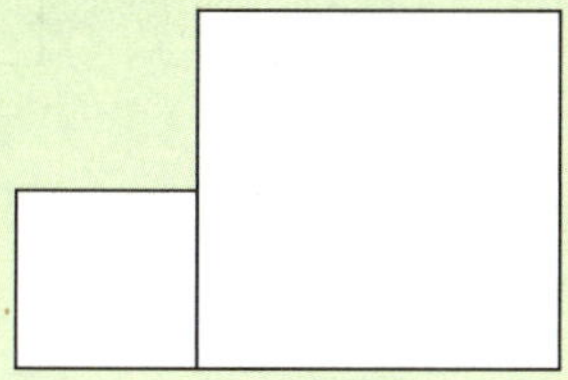

数学思维

图形的总面积由两个正方形的面积组成，可以**在表格中列出**两个正方形可能的边长和相应的面积。

从表格里找出面积之和为 45 平方米的两个正方形。

- 列表格解题。

可能的边长（米）	1	2	3	4	5	6	7
相应的面积（平方米）	1	4	**9**	16	25	**36**	49

表格中，9 + 36 = 45（平方米）。

两个正方形的面积分别是 **9** 平方米和 **36** 平方米。

练习 10.2

解答下列习题。写出解题步骤和答案。

1. 下图由两个正方形组成，总面积为 29 平方厘米。已知两个正方形的边长都是整数。两个正方形的面积分别是多少平方厘米？

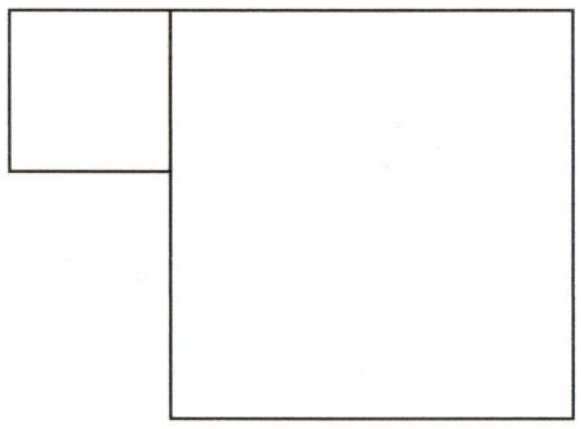

2. 下图由两个正方形组成，总面积为 41 平方厘米。已知两个正方形的边长都是整数。两个正方形的面积分别是多少平方厘米？

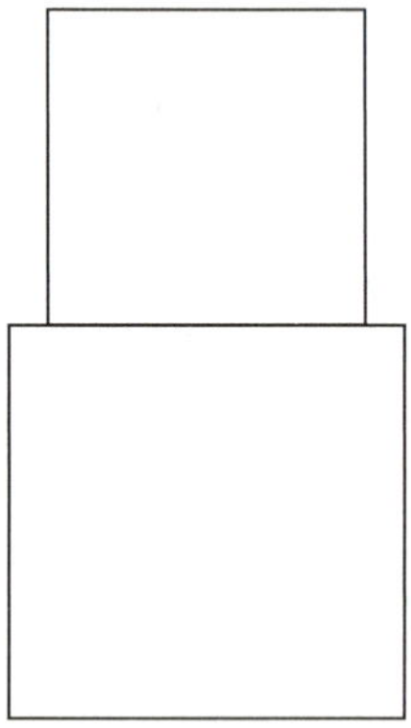

3. 下图由两个正方形组成，图中非阴影部分的面积为 32 平方厘米。已知两个正方形的边长都是整数。两个正方形的面积分别是多少平方厘米？

4.* 花园由三块正方形的土地组成，总面积为 56 平方米。已知这三块土地的边长都是整数。这个花园的周长是多少米？

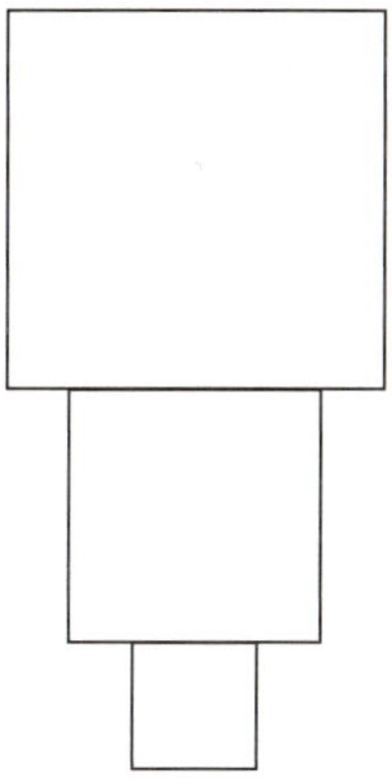

1 加法和减法（复习）

练习 1

1.

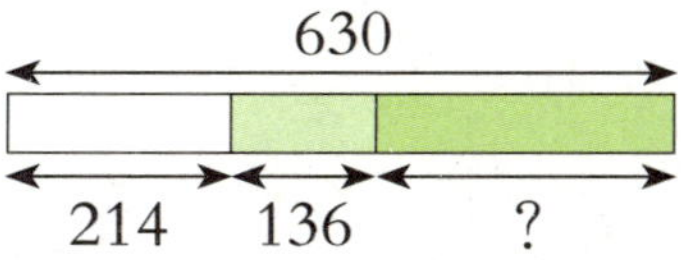

630 − 214 − 136 = 280（个）

有 280 个孩子欣赏音乐会。

2.

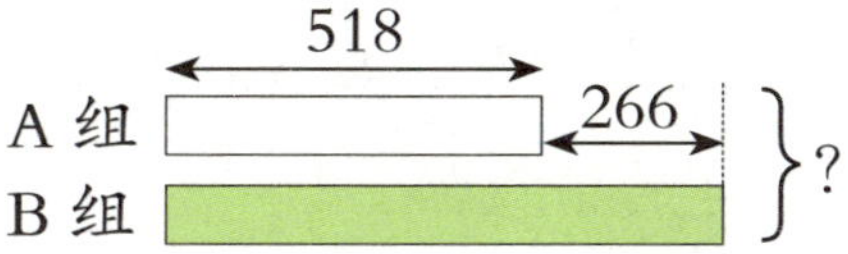

B 组：518 + 266 = 784（只）

总量：518 + 784 = 1302（只）

两组一共折了 1302 只纸鹤。

3.

手机

1874 − 516 = 1358（元）

总额：

1874 + 1358 = 3232（元）

一共 3232 元。

4.

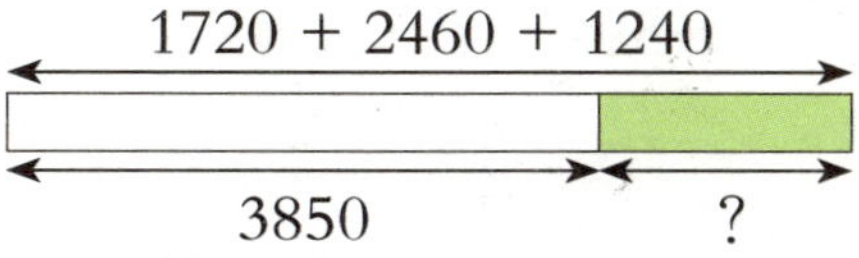

总数：

1720 + 2460 + 1240 = 5420（支）

卖出：

5420 − 3850 = 1570（支）

该文具店卖了 1570 支记号笔。

5.

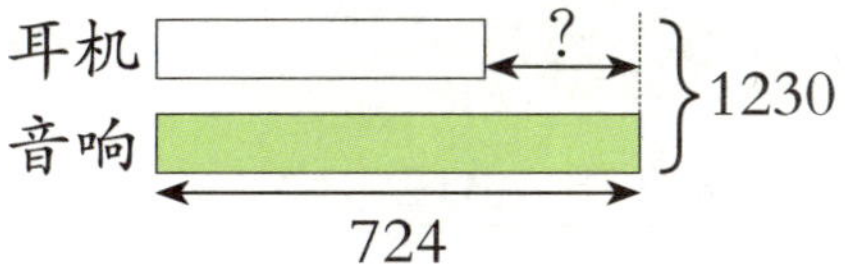

耳机：1230 − 724 = 506（元）

差：724 − 506 = 218（元）

音响比耳机贵 218 元。

6.

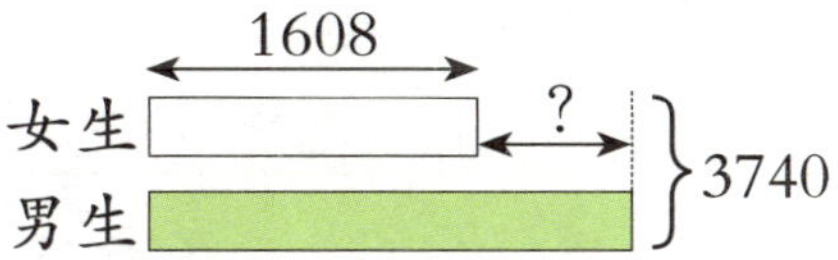

男生：

3740 − 1608 = 2132（人）

差：2132 − 1608 = 524（人）

观看运动会的女生比男生少 524 人。

7.

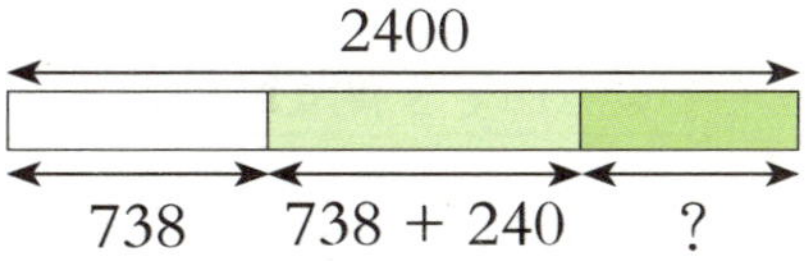

第二个：738 + 240 = 978（本）

第三个：

2400 − 738 − 978 = 684（本）

第三个书架上摆了 684 本书。

8.

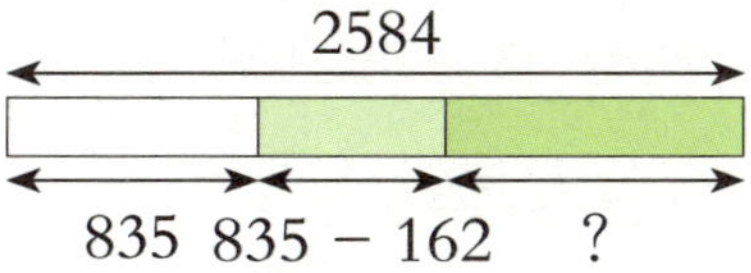

马克：835 − 162 = 673（个）

杰里：

2584 − 835 − 673 = 1076（个）

杰里收集了 1076 个瓶子。

2 因数和倍数

练习 2.1

1a. 4，78，312

1b. 21，54，279

1c. 96，352，528

1d. 95，270，625

1e. 36，348，780

2a. 112 等，111 之后的偶数。

2b. 114 等，111 之后各数位上的数字之和是 3 的倍数的数。

2c. 112 等，111 之后十位和个位上的数字组成的数是 4 的倍数的数。

2d. 115 等，111 之后个位上的数字是 0 或 5 的数。

2e. 114 等，111 之后各数位上的数字之和是3的倍数的偶数。

3a. 2，4，6，8 和 10。
是的，2 的倍数都是偶数。

3b. 3，6，9，12 和 15。
不是，3 的倍数有的是奇数，有的是偶数。

4. 列出 1 到 100 个位上数字是 0 或 5 的数。
1 到 10：5 和 10
11 到 20：15 和 20
21 到 30：25 和 30
……
91 到 100：95 和 100
2 × 10 = 20
有 20 个数是 5 的倍数。

练习 2.2

1. 这个数是 3 的倍数加 2，也是 4 的倍数加 2。

序列：	1	2	3	4
可能数				
×3，+2：	5	8	11	14
×4，+2：	6	10	14	18

这个数的最小值是 14。

2. 甜甜圈的数量是 4 的倍数加 1，也是 5 的倍数减 2。

侄子的人数：	1	2	3
甜甜圈的数量			
×4，+1：	5	9	13
×5，−2：	3	8	13

a. 休有 3 个侄子。
b. 休买了 13 个甜甜圈。

3. 列出 30 到 60 之间 9 的倍数：
36，45 和 54
其中，6 的倍数有 36 和 54。
罐子里可能有36颗或54颗糖果。

4. 列出 85 到 115 之间 5 的倍数：

85，90，95，100，105，110 和 115

其中，6 的倍数有 90。

派对上有 90 个小朋友。

5.* 五月有 31 天。列出比 31 小的 6 的倍数：

6，12，18，24 和 30

其中，4 的倍数有 12 和 24。

他们在图书馆最多相遇 2 次。

6.* 列出从 1 开始 4 的倍数：4，8，12，16，20，24，……其中，3 的倍数有 12，24，……其中 3 的倍数中是 2 的倍数的数有 12，24……所以，如果他们今天在健身房相遇，12 天后他们会再次相遇。

3 用乘法和除法解决问题

练习 3.1

1.

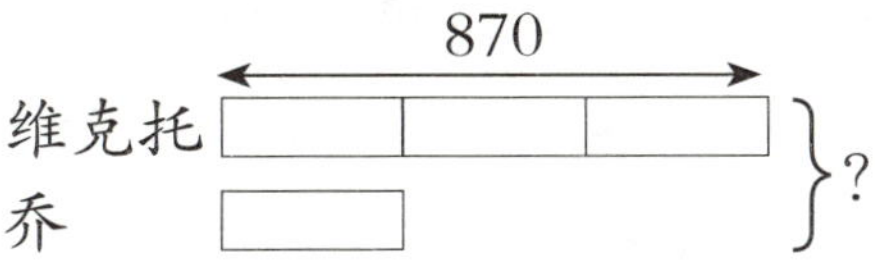

3 个格子 — 870 元

1 个格子 —

870 ÷ 3 = 290（元）

4 个格子 —

4 × 290 = 1160（元）

兄弟两人一共存了 1160 元。

2.

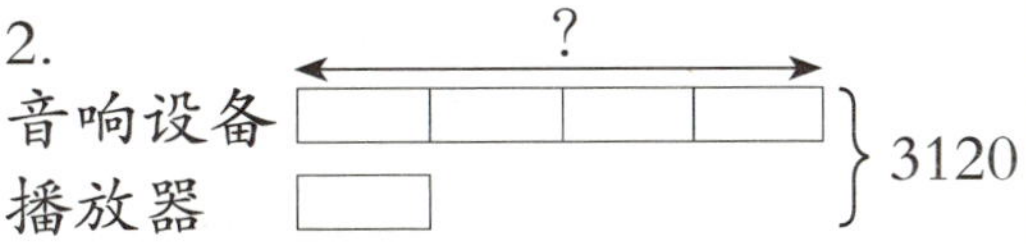

5 个格子 — 3120 元

1 个格子 —

3120 ÷ 5 = 624（元）

4 个格子 —

4 × 624 = 2496（元）

这套音响设备的价格是 2496 元。

3.

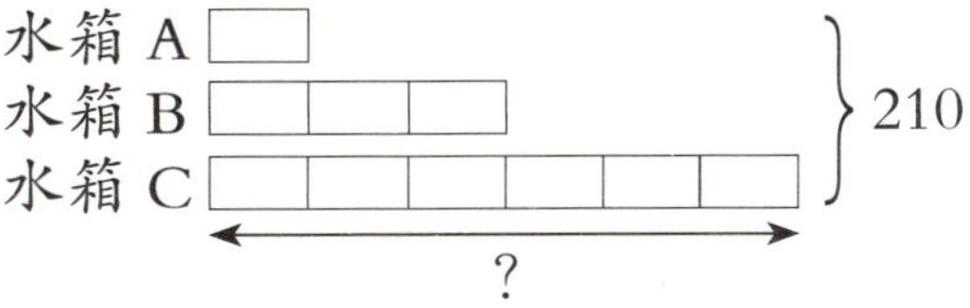

10 个格子 — 210 升

1 个格子 —

210 ÷ 10 = 21（升）

水箱 C：6 个格子 —

21 × 6 = 126（升）

水箱 C 中有 126 升水。

4.

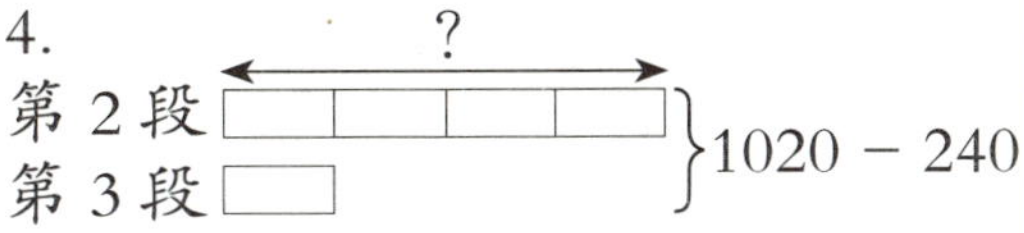

第 2 段 + 第 3 段：

1020 − 240 = 780（厘米）

5 个格子 — 780 厘米

1 个格子 —

780 ÷ 5 = 156（厘米）

4 个格子 —

4 × 156 = 624（厘米）

第 2 段长 624 厘米。

5.
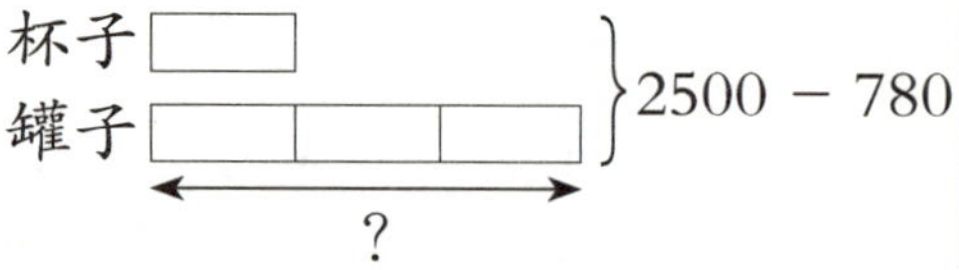

杯子 + 罐子：

2500 − 780 = 1720（毫升）

4 个格子 — 1720 毫升

1 个格子 —

1720 ÷ 4 = 430（毫升）

3 个格子 —

3 × 430 = 1290（毫升）

罐子里有 1290 毫升水。

6.
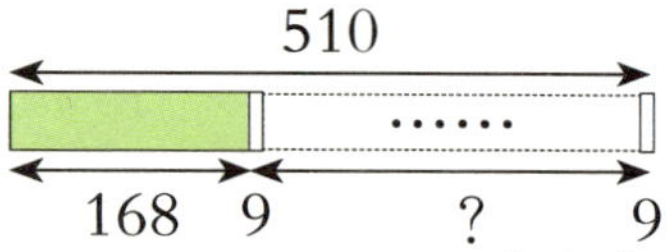

510 − 168 = 342（张）

342 ÷ 9 = 38（名）

班里一共有 38 名学生。

7.
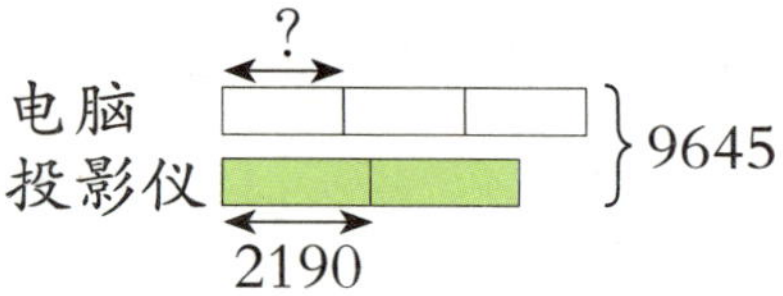

2 × 2190 = 4380（元）

9645 − 4380 = 5265（元）

5265 ÷ 3 = 1755（元）

每台电脑 1755 元。

8.
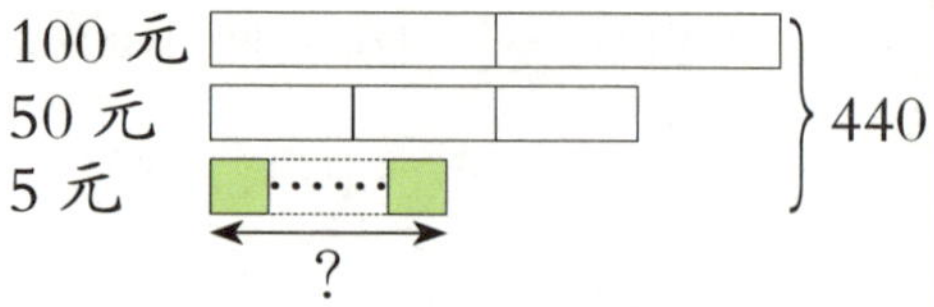

2 × 100 = 200（元）

3 × 50 = 150（元）

440 − 200 − 150 = 90（元）

90 ÷ 5 = 18（张）

林太太有 18 张 5 元的纸币。

练习 3.2

1a. 20 ÷ 2 = 10（组）

1 + 2 + 3 + ⋯ + 18 + 19 + 20

= 10 组 21

= 10 × 21

= 210

和是 210。

1b. 1000 ÷ 2 = 500（组）

1 + 2 + 3 + ⋯ + 998 + 999 + 1000

= 500 组 1001

= 500 × 1001

= 500500

和是 500500。

2. 30 ÷ 2 = 15（组）

2 + 4 + 6 + ⋯ + 56 + 58 + 60

= 15 组 62

= 15 × 62

= 930

和是 930。

3a. 17 ÷ 7 = 2（周）……3（天）

17 天 = 2 周 + 3 天

今天—周二

1 周后—周二

2 周后—周二

星期二后 3 天—周五

17 天后是周五。

3b. 100 ÷ 7 = 14（周）……2（天）

100 天 = 14 周 + 2 天

今天—周五

1 周后—周五

14 周后—周五

周五后 2 天—周日

100 天后是周日。

4. 52 ÷ 7 = 7（周）……3（天）

52 天 = 7 周 + 3 天

52 天前—周六

52 天前的 1 周后—周六

52 天前的 7 周后—周六

周六后 3 天—周二

今天是周二。

5.* 将前 94 个数字分组。

94 ÷ 2 = 47（组）

1 + 2 + 3 + 4 + ⋯ + 93 + 94 + 95

= 47 组 95 + 95

= 48 组 95

= 48 × 95

因为我们只需要算出个位上的数字，所以将这两个数的个位相乘来简化运算：

8 × 5 = 40

和的个位上的数字是 0。

6.* 总天数（4 月 2 日到 6 月 28 日）

= 29 + 31 + 28 = 88（天）

88 ÷ 7 = 12（周）……4（天）

88 天 = 12 周 + 4 天

4 月 1 日—周二

1 周后—周二

12 周后—周二

周二后 4 天—周六

同年的 6 月 28 日是周六。

练习 3.3

1. 假设：有 16 只鸡

2 × 16= 32（条）

多出的腿：42 − 32 = 10（条）

一只猫比一只鸡多 2 条腿。

10 ÷ 2 = 5（只）

所以，有 5 只猫。

鸡：16 − 5 = 11（只）

验证：

5 × 4 = 20（条）

11 × 2 = 22（条）

20 + 22 = 42（条） √

围场里猫有5只，鸡有11只。

2. 假设：有25辆摩托车

2 × 25 = 50（个）

多出的轮子：

74 − 50 = 24（个）

一辆小汽车比一辆摩托车多2个轮子。

24 ÷ 2 = 12（辆）

所以，有12辆小汽车。

摩托车：25 − 12 = 13（辆）

验证：

13 × 2 = 26（个）

12 × 4 = 48（个）

26 + 48 = 74（个） √

停车场里小汽车有12辆，摩托车有13辆。

3. 假设：有16张2元的纸币

16 × 2 = 32（元）

多出的钱：50 − 32 = 18（元）

一张5元的纸币比一张2元的纸币多3元。

18 ÷ 3 = 6（张）

所以，有6张5元的纸币。

2元的纸币：16 − 6 = 10（张）

验证：

10 × 2 = 20（元）

6 × 5 = 30（元）

20 + 30 = 50（元） √

2元的纸币换了10张，5元的纸币换了6张。

4. 10元 =1000分

假设：有38枚20分的硬币

38 × 20 = 760（分）

多出的钱：

1000 − 760 = 240（分）

一枚50分的硬币比一枚20分的硬币多30分。

240 ÷ 30 = 8（枚）

所以，有8枚50分的硬币。

20分的硬币：38 − 8 = 30（枚）

验证：

8 × 50 = 400（分）

30 × 20 = 600（分）

400 + 600 = 1000（分）

= 10（元） √

50分的硬币有8枚。

4 用四则运算解决问题

练习 4.1

1.

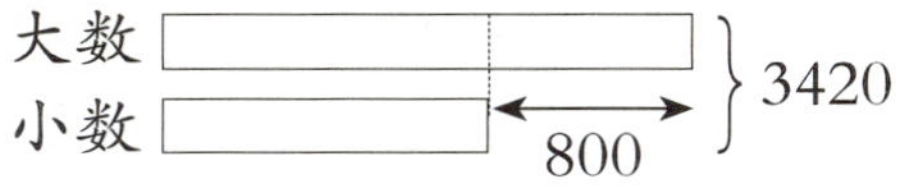

3420 − 800 = 2620

2 个格子 — 2620

小数：

1 个格子 — 2620 ÷ 2 = 1310

大数：1310 + 800 = 2110

这两个数分别是 1310 和 2110。

2.

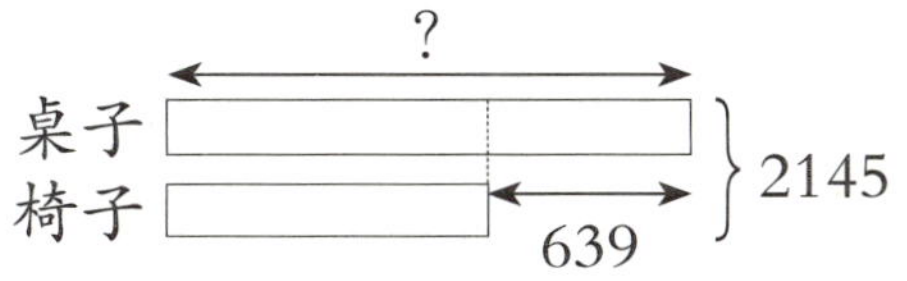

2145 − 639 = 1506（元）

2 个格子 — 1506 元

椅子：1 个格子 —

1506 ÷ 2 = 753（元）

桌子：753 + 639 = 1392（元）

桌子的价格是 1392 元。

3.

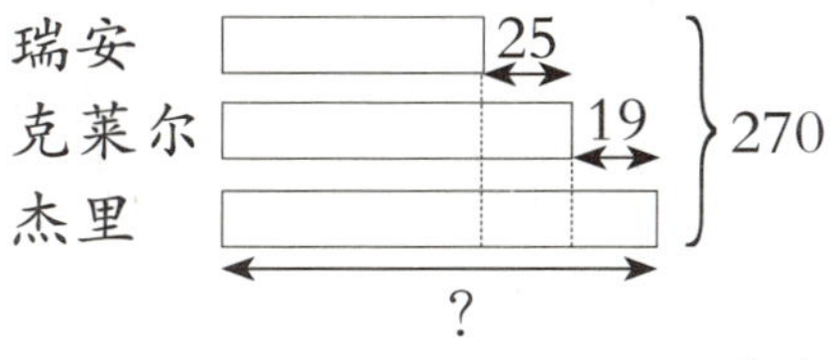

270 − 25 − 25 − 19 = 201（本）

3 个格子 — 201 本

瑞安：

1 个格子 — 201 ÷ 3 = 67（本）

杰里：67 + 25 + 19 = 111（本）

杰里收集了 111 本旧书。

4.

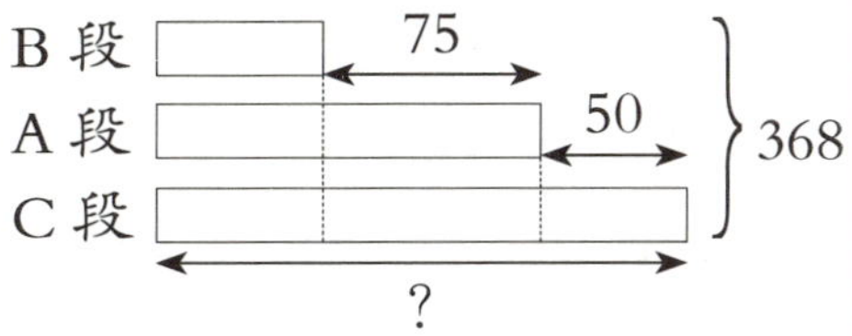

368 − 75 − 75 − 50 = 168（厘米）

3 个格子 — 168 厘米

B 段：

1 个格子 — 168 ÷ 3 = 56（厘米）

C 段：

56 + 75 + 50 = 181（厘米）

C 段长 181 厘米。

5.*

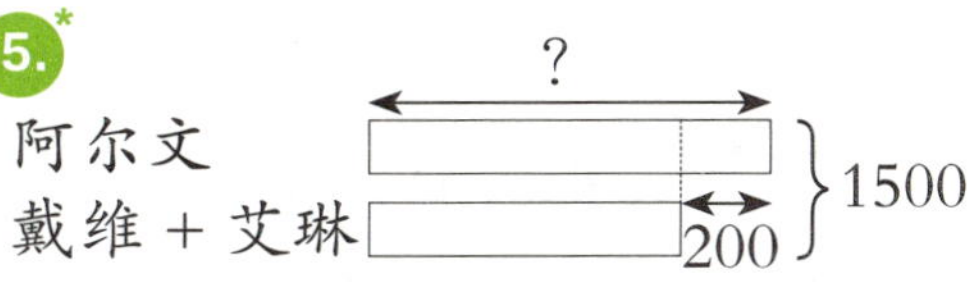

1500 − 200 = 1300（个）

2 个格子 — 1300 个

戴维 + 艾琳：1 个格子 —

1300 ÷ 2 = 650（个）

阿尔文：650 + 200 = 850（个）

阿尔文分到了 850 个回形针。

6.*

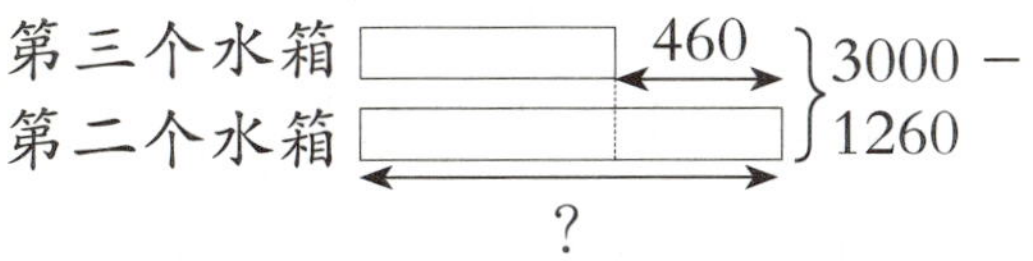

第二个水箱 + 第三个水箱：

3000 − 1260 = 1740（升）

2 个格子 —

1740 − 460 = 1280（升）

第三个水箱：1 个格子 —

1280 ÷ 2 = 640（升）

第二个水箱：

640 + 460 = 1100（升）

第二个水箱中装了 1100 升水。

练习 4.2

1.

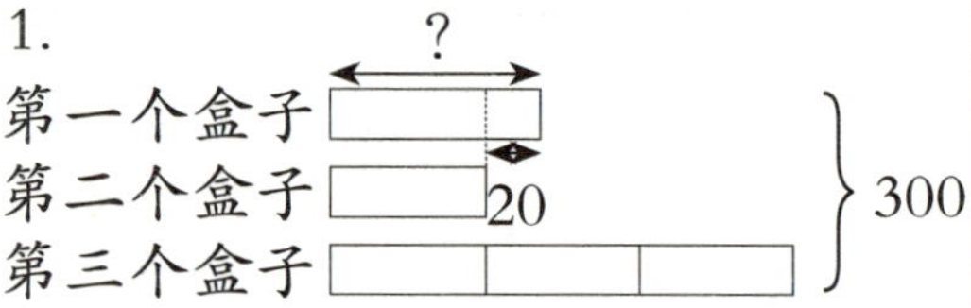

5 个格子 —

300 − 20 = 280（本）

第二个盒子：1 个格子 —

280 ÷ 5 = 56（本）

第二个盒子里有 56 本故事书。

2.

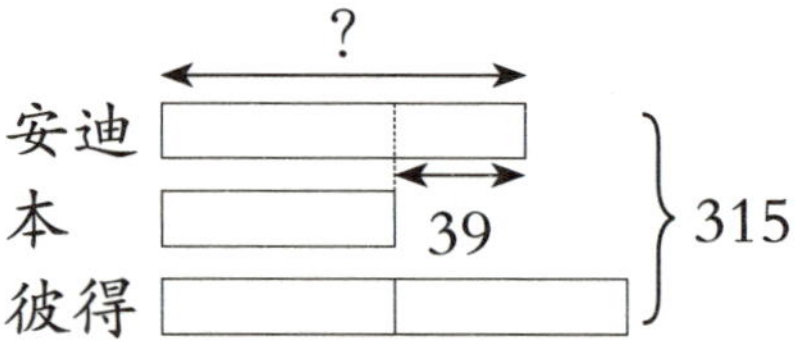

4 个格子 —

315 − 39 = 276（元）

本：1 个格子 —

276 ÷ 4 = 69（元）

安迪：69 + 39 = 108（元）

安迪有 108 元。

3.

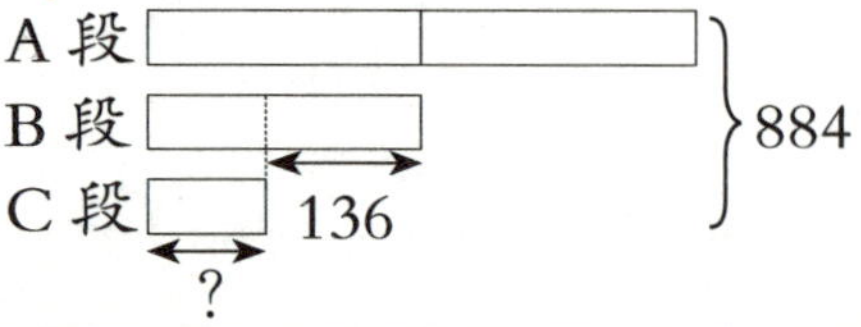

4 个格子 —

884 + 136 = 1020（厘米）

B 段：1 个格子 —

1020 ÷ 4 = 255（厘米）

C 段：255 − 136 = 119（厘米）

C 段长 119 厘米。

4.

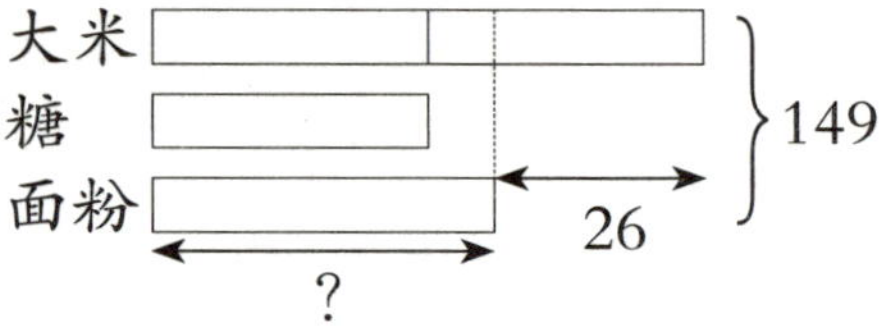

149 + 26 = 175（千克）

5 个格子 — 175 千克

糖：1 个格子 —

175 ÷ 5 = 35（千克）

大米：2 个格子 —

2 × 35 = 70（千克）

面粉：70 − 26 = 44（千克）

面粉的质量是 44 千克。

5.

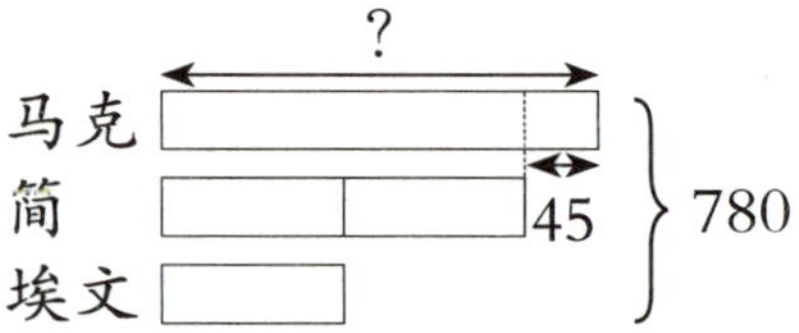

5 个格子 —

780 − 45 = 735（元）

埃文：1 个格子 —

735 ÷ 5 = 147（元）

简：2 个格子 —

2 × 147 = 294（元）

马克：294 + 45 = 339（元）

马克有 339 元。

6.*

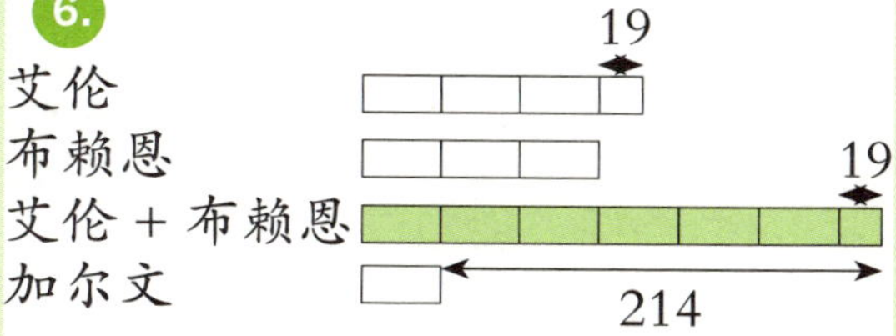

214 − 19 = 195（颗）

5 个格子 — 195 颗

加尔文：1 个格子 —

195 ÷ 5 = 39（颗）

布赖恩：3 个格子 —

3 × 39 = 117（颗）

艾伦：117 + 19 = 136（颗）

艾伦分到了 136 颗弹珠，布赖恩分到了 117 颗弹珠，加尔文分到了 39 颗弹珠。

练习 4.3

1.

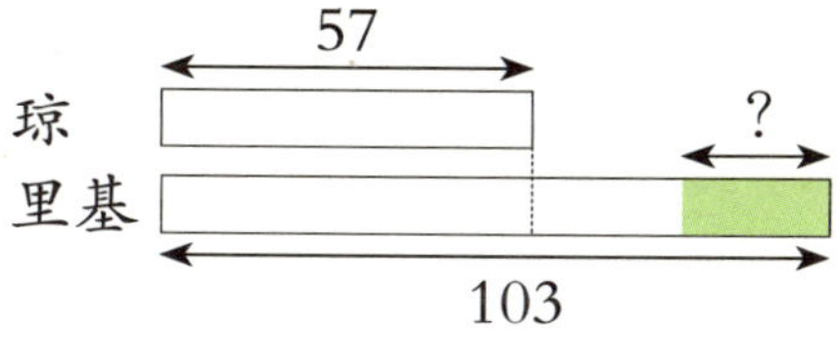

差：103 − 57 = 46（元）

46 ÷ 2 = 23（元）

里基要给琼 23 元，才能使他们拥有的钱数相等。

2.

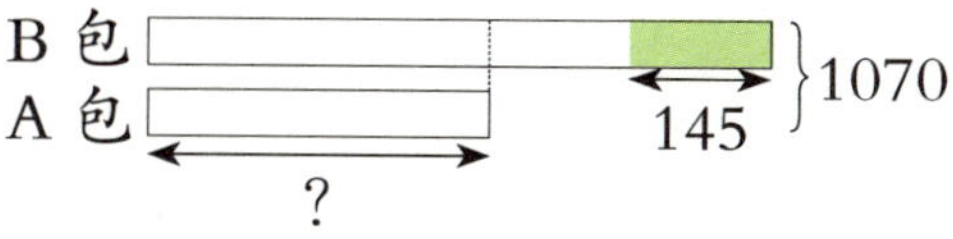

差：2 × 145 = 290（克）

1070 − 290 = 780（克）

2 个格子 — 780 克

A 包：1 个格子 —

780 ÷ 2 = 390（克）

A 包中糖的质量是 390 克。

3.

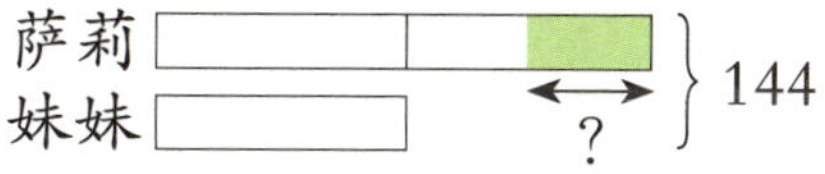

3 个格子 — 144 元

差：

1 个格子 — 144 ÷ 3 =48（元）

48 ÷ 2 = 24（元）

萨莉要给妹妹 24 元，她们拥有的钱数才会相等。

4.

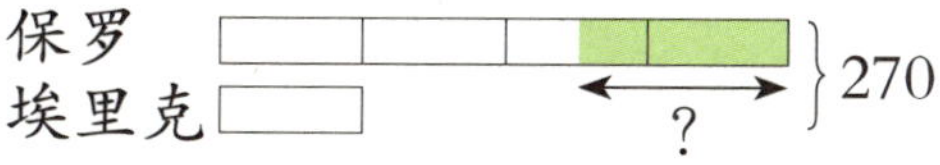

5 个格子 — 270 张

1 个格子 — 270 ÷ 5 = 54（张）

差：

3 个格子 — 3 × 54 = 162（张）

162 ÷ 2 = 81（张）

保罗要给埃里克 81 张，他们拥有的卡片数量才会相同。

5.*

之后

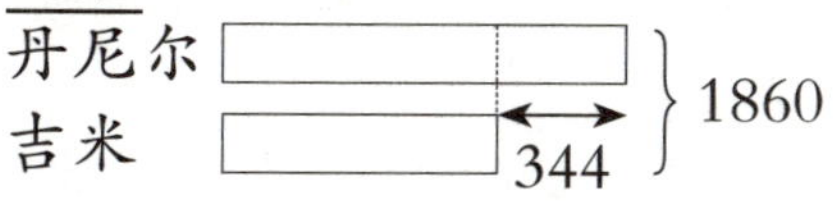

之后

1860 − 344 = 1516（张）

2 个格子 — 1516 张

吉米：1 个格子 —

1516 ÷ 2 = 758（张）

之前

758 − 275 = 483（张）

吉米原来有 483 张邮票。

6.*

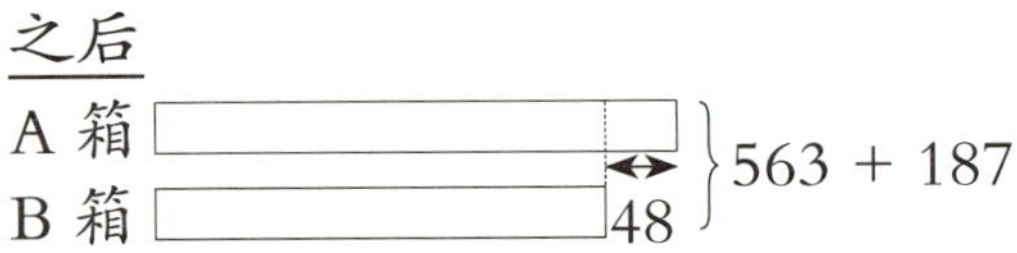

鸡蛋的总数量保持不变。

总数量：563 + 187 = 750（个）

两个格子 — 750 − 48 = 702（个）

B 箱：1 个格子 —

702 ÷ 2 = 351（个）

A 箱：750 − 351 = 399（个）

A 箱中最后有 399 个鸡蛋，B 箱中最后有 351 个鸡蛋。

练习 4.4

1.

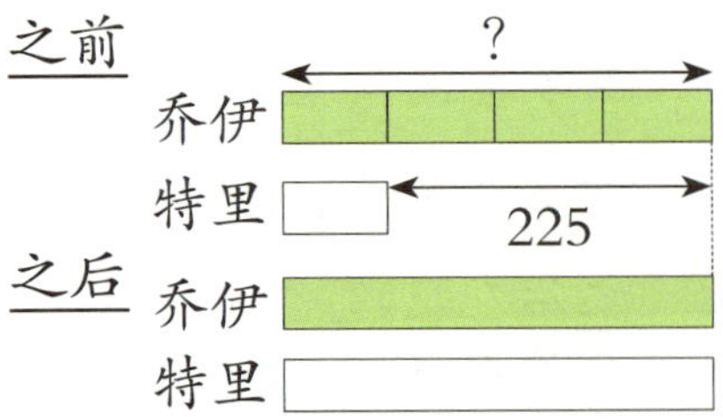

乔伊折的纸星星的数量不变。

3 个格子 — 225 个

1 个格子 —

225 ÷ 3 = 75（个）

4 个格子 —

4 × 75 = 300（个）

乔伊折了 300 个纸星星。

2.

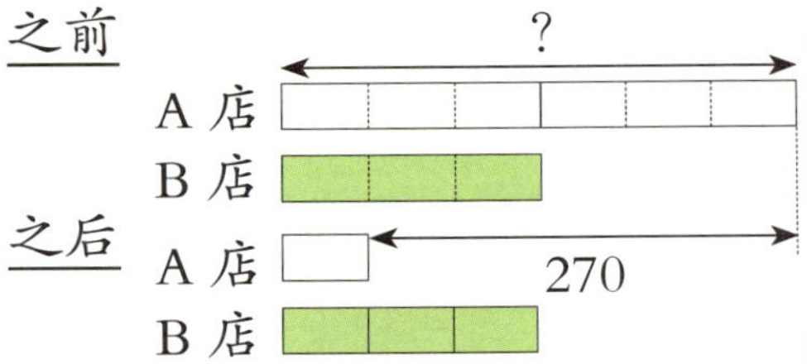

B 店手机的数量保持不变。

5 个格子 — 270 台

1 个格子 — 270 ÷ 5 = 54（台）

3 个格子 — 3 × 54 = 162（台）

2 × 162 = 324（台）

A 店原来有 324 台该款手机，B 店原来有 162 台该款手机。

3.

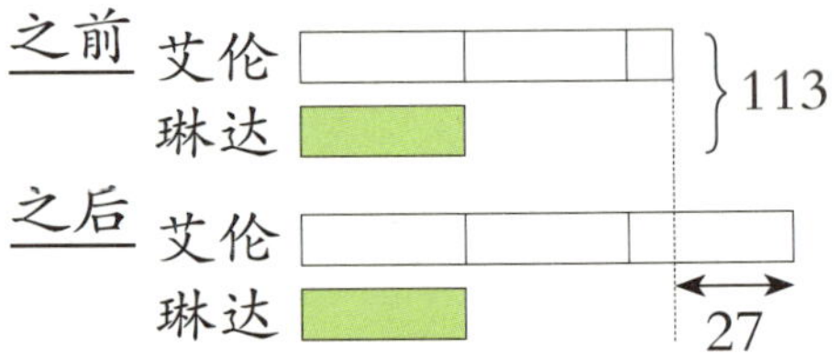

琳达的糖果数量保持不变。

4 个格子 — 113 + 27 = 140（颗）

1 个格子 — 140 ÷ 4 = 35（颗）

3 个格子 — 3 × 35 = 105（颗）

105 − 27 = 78（颗）

艾伦原来有 78 颗糖果，琳达

原来有 35 颗糖果。

4.

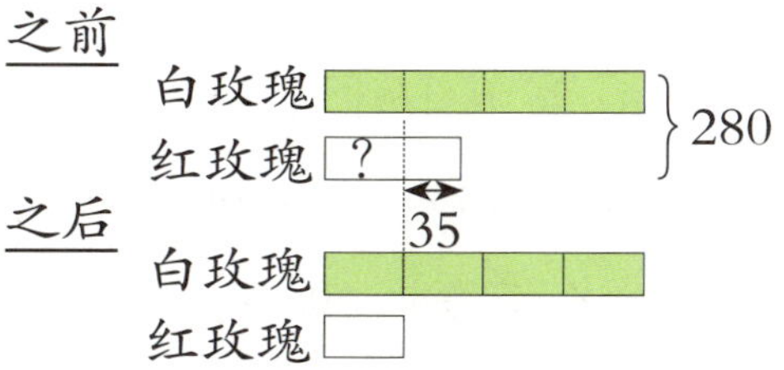

白玫瑰的数量保持不变。

5 个格子 —

280 − 35 = 245（朵）

1 个格子 —

245 ÷ 5 = 49（朵）

49 + 35 = 84（朵）

原来有 84 朵红玫瑰。

5.

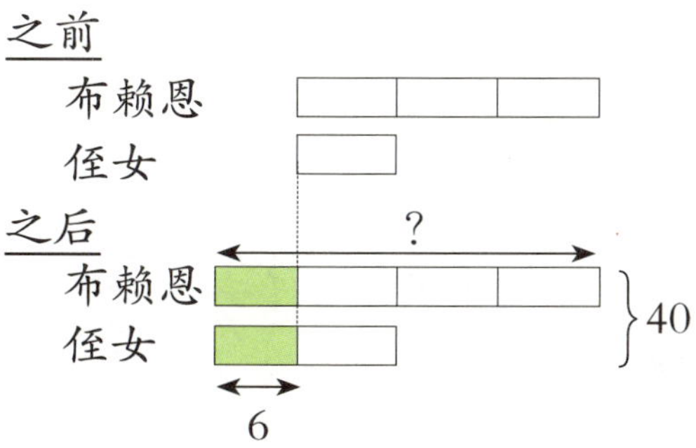

40 − 6 − 6 = 28（岁）

4 个格子 — 28 岁

1 个格子 — 28 ÷ 4 = 7（岁）

3 个格子 — 3 × 7 = 21（岁）

21 + 6 = 27（岁）

布赖恩现在 27 岁。

6.

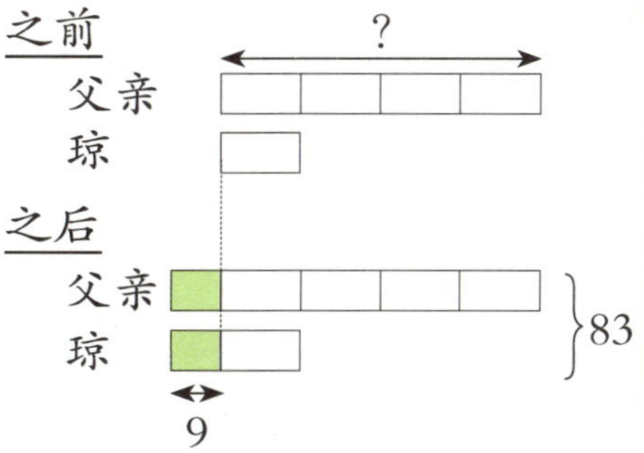

83 − 9 − 9 = 65（岁）

5 个格子 — 65 岁

1 个格子 — 65 ÷ 5 = 13（岁）

4 个格子 — 4 × 13 = 52（岁）

琼的父亲现在 52 岁。

7.

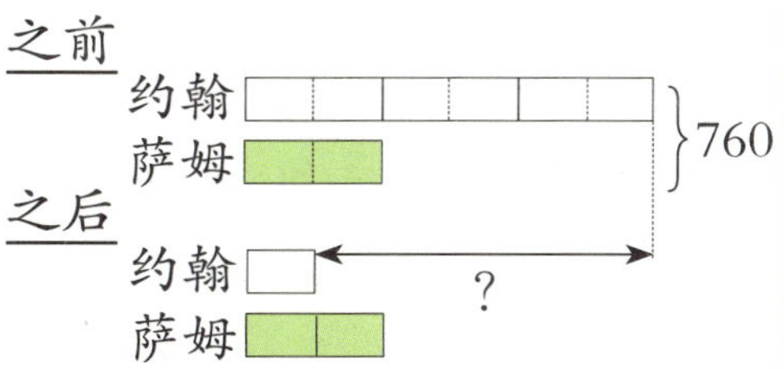

萨姆的橡皮筋的数量保持不变。

8 个格子 — 760 条

1 个格子 — 760 ÷ 8 = 95（条）

5 个格子 — 5 × 95 = 475（条）

约翰用了 475 条橡皮筋。

8.*

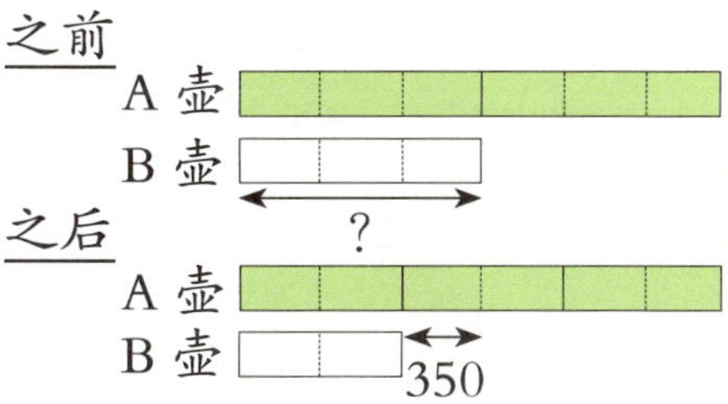

1 个格子 — 350 毫升

3 个格子 —

3 × 350 = 1050（毫升）

B壶中原来有 1050 毫升柠檬水。

练习 4.5

1. 因为 A + A + A = 36，

所以 A = 36 ÷ 3 = 12。

因为 A + B + C = 35，

所以 B + C = 35 − 12 = 23。

因为 B + C + B = 37，

所以 B = 37 − 23 = 14。

A + A + B = 12 + 12 + 14 = 38

"？"表示的数是38。

2. 因为 A + A + A = 81，

所以 A = 81 ÷ 3 = 27。

因为 A + B + C = 80，

所以 B + C = 80 − 27 = 53。

因为 C + B + C = 71，

所以 C = 71 − 53 = 18。

A + A + C = 27 + 27 + 18 = 72

"？"表示的数是72。

3. □代表一箱草莓的价格；

○代表一箱苹果的价格。

因为□ = ○○

所以□□ + ○○○

= ○○○○ + ○○○

= 224 元

○ = 224 ÷ 7 = 32（元）

一箱苹果32元。

4. □代表一台摄像机的价格

○代表一台投影仪的价格

因为□ = ○○

所以□□□ + ○○○○

= □□□ + □□ = 4930 元

□ = 4930 ÷ 5 = 986（元）

一台摄像机986元。

5. 用 A 代表 A 箱的质量，用 B 表示 B 箱的质量，用 C 表示 C 箱的质量。

因为 A + B = 160（千克）

B + C = 200（千克）

A + C = 180（千克）

所以，

（A + B + C）× 2

= 160 + 200 + 180

= 540（千克）

A + B + C = 540 ÷ 2 = 270（千克）

三箱书共270千克。

6.* □代表一个记事本的价格；

○代表一支钢笔的价格。

因为

□□ + ○○○

= □□□□□□□

所以○○○ = □□□□□

5 × 75 = 375（分）

375 ÷ 3 = 125（分）= 1.25（元）

一支钢笔1.25元。

5 用加法和减法解决问题

练习 5

1. $\frac{7}{8}+\frac{3}{4}$

$=\frac{7}{8}+\frac{6}{8}$

$=\frac{7}{8}+\frac{1}{8}+\frac{5}{8}$

$=1+\frac{5}{8}$

$=1\frac{5}{8}$（千克）

她原来有 $\underline{1\frac{5}{8}}$ 千克面粉。

2. $\frac{5}{6}+\frac{2}{3}$

$=\frac{5}{6}+\frac{4}{6}$

$=\frac{5}{6}+\frac{1}{6}+\frac{3}{6}$

$=1+\frac{3}{6}$

$=1\frac{1}{2}$（千克）

这两个包裹的质量一共是 $\underline{1\frac{1}{2}}$ 千克。

3. $\frac{3}{8}+\frac{3}{4}+\frac{5}{8}$

$=\left(\frac{3}{8}+\frac{5}{8}\right)+\frac{3}{4}$

$=1+\frac{3}{4}$

$=1\frac{3}{4}$（千米）

他这三天一共游了 $\underline{1\frac{3}{4}}$ 千米。

4. $\frac{5}{12}+\frac{5}{12}+\frac{3}{4}$

$=\frac{10}{12}+\frac{9}{12}$

$=\frac{10}{12}+\frac{2}{12}+\frac{7}{12}$

$=1+\frac{7}{12}$

$=1\frac{7}{12}$（升）

两个壶一共装了 $\underline{1\frac{7}{12}}$ 升橙汁。

5. $2-\frac{7}{9}$

$=1+\left(1-\frac{7}{9}\right)$

$=1+\frac{2}{9}$

$=1\frac{2}{9}$（米）

剩下的电线长 $\underline{1\frac{2}{9}}$ 米。

6. $\frac{1}{2}+\frac{5}{12}=\frac{6}{12}+\frac{5}{12}=\frac{11}{12}$（块）

$2-\frac{11}{12}$

$=1+\left(1-\frac{11}{12}\right)$

$=1+\frac{1}{12}$

$=1\frac{1}{12}$（块）

吉纳的蛋糕还剩 $\underline{1\frac{1}{12}}$ 块。

7. $\frac{1}{3}+\frac{11}{12}$

$=\frac{4}{12}+\frac{11}{12}$

$= \frac{3}{12} + \left(\frac{1}{12} + \frac{11}{12}\right)$

$= \frac{3}{12} + 1$

$= 1\frac{1}{4}$（米）

$6 - 1\frac{1}{4}$

$= 4 + (2 - 1\frac{1}{4})$

$= 4 + \frac{3}{4}$

$= 4\frac{3}{4}$（米）

这条缎带还剩 $4\frac{3}{4}$ 米。

8. 虾：

$\frac{4}{5} - \frac{1}{10}$

$= \frac{8}{10} - \frac{1}{10}$

$= \frac{7}{10}$（千克）

总质量：

$\frac{4}{5} + \frac{7}{10}$

$= \frac{8}{10} + \frac{7}{10}$

$= \frac{8}{10} + \frac{2}{10} + \frac{5}{10}$

$= 1 + \frac{5}{10}$

$= 1\frac{1}{2}$（千克）

这袋鱼和这袋虾的总质量是 $1\frac{1}{2}$ 千克。

9. $\frac{5}{6} + \frac{1}{2}$

$= \frac{5}{6} + \frac{3}{6}$

$= \frac{5}{6} + \frac{1}{6} + \frac{2}{6}$

$= 1 + \frac{2}{6}$

$= 1\frac{1}{3}$（升）

剩余：

$12 - 1\frac{1}{3}$

$= 10 + (2 - 1\frac{1}{3})$

$= 10 + \frac{2}{3}$

$= 10\frac{2}{3}$（升）

这个水箱里还剩 $10\frac{2}{3}$ 升水。

6 用四则运算解决问题

练习 6

1.

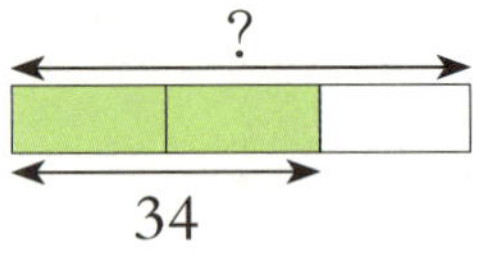

2 个格子 — 34 个

1 个格子 — $34 \div 2 = 17$（个）

3 个格子 — $3 \times 17 = 51$（个）

艺术俱乐部一共有 51 个小朋友。

2.

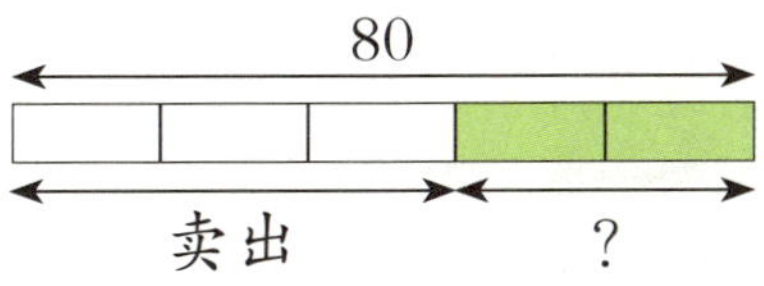

5 个格子 — 80 个

1 个格子 — 80 ÷ 5 = 16(个)

2 个格子 — 2 × 16 = 32 (个)

还剩 32 个铅笔盒。

3.

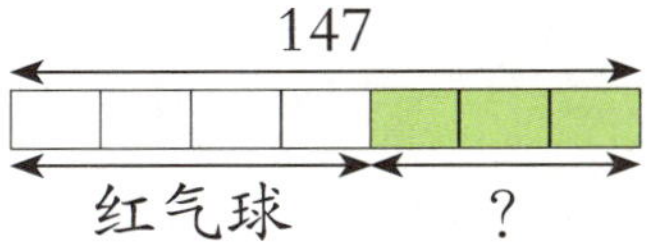

7 个格子 — 147 只

1 个格子 — 147 ÷ 7 = 21 (只)

3 个格子 — 3 × 21 = 63 (只)

蓝气球有 63 只。

4.

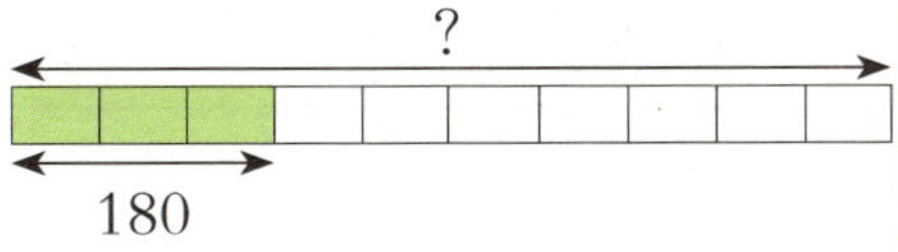

3 个格子 — 180 毫升

1 个格子 —

180 ÷ 3 = 60 (毫升)

10 个格子 —

10 × 60 = 600 (毫升)

瓶子里原来有 600 毫升蜂蜜。

5.

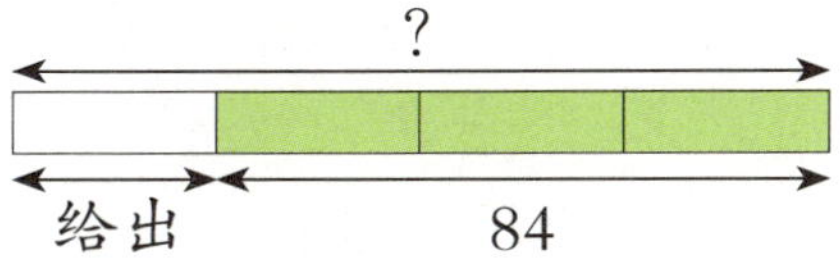

3 个格子 — 84 枚

1 个格子 —

84 ÷ 3 = 28 (枚)

4 个格子 —

4 × 28 = 112 (枚)

珍妮原来有 112 枚邮票。

6.

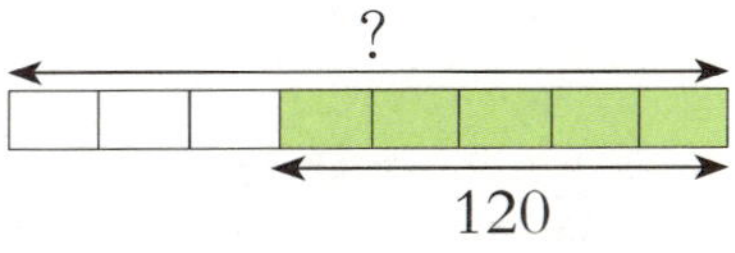

5 个格子 — 120 元

1 个格子 — 120 ÷ 5 = 24 (元)

8 个格子 — 8 × 24 = 192 (元)

特里原来有 192 元。

7.

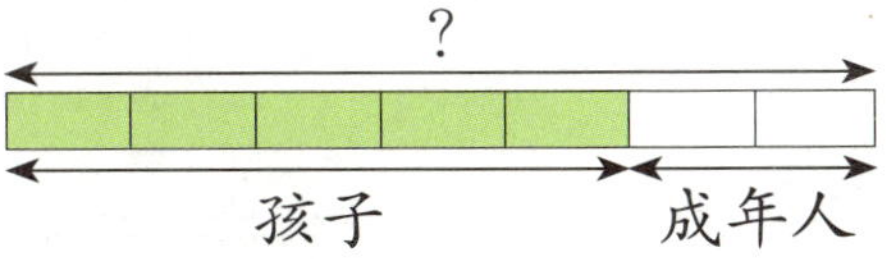

孩子比成年人多:

5 − 2 = 3 (个) 格子

3 个格子 — 354 名

1 个格子 —

354 ÷ 3 = 118 (名)

7 个格子 —

7 × 118 = 826 (名)

一共有 826 名观众。

8.*

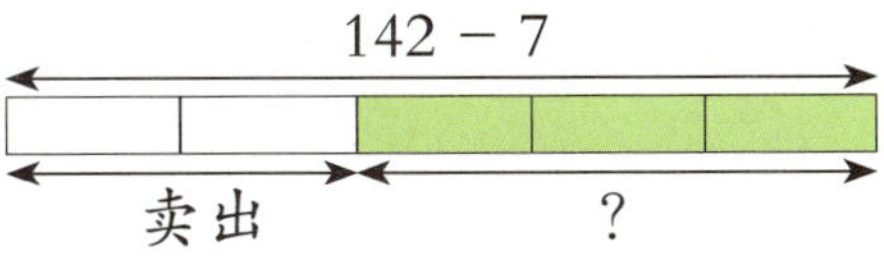

142 − 7 = 135 (条)

5 个格子 — 135 条

1 个格子 —

135 ÷ 5 = 27（条）

3 个格子 —

3 × 27 = 81（条）

保罗最后剩下 81 条孔雀鱼。

9.*

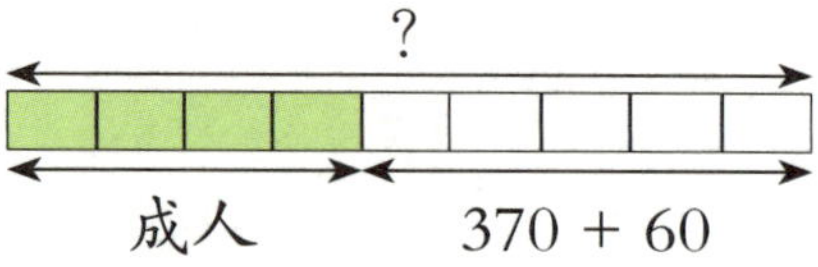

370 + 60 = 430（个）

5 个格子 — 430 个

1 个格子 — 430 ÷ 5 = 86（个）

9 个格子 — 9 × 86 = 774（个）

这家剧院一共有 774 个座位。

10.*

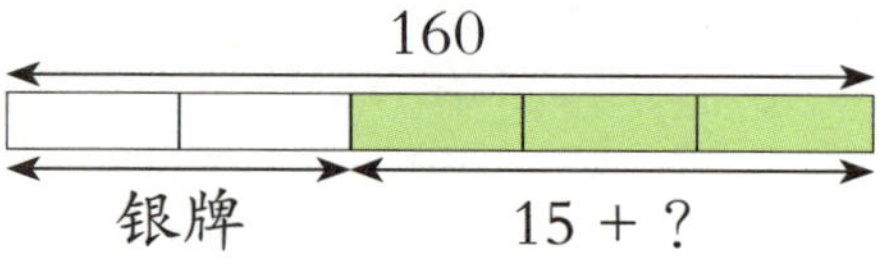

5 个格子 — 160 名

1 个格子 — 160 ÷ 5 = 32（名）

3 个格子 — 3 × 32 = 96（名）

96 − 15 = 81（名）

有 81 名学生获得了铜牌。

7 用混合运算解决问题

练习 7.1

1. $\frac{1}{3} = \frac{2}{6}$

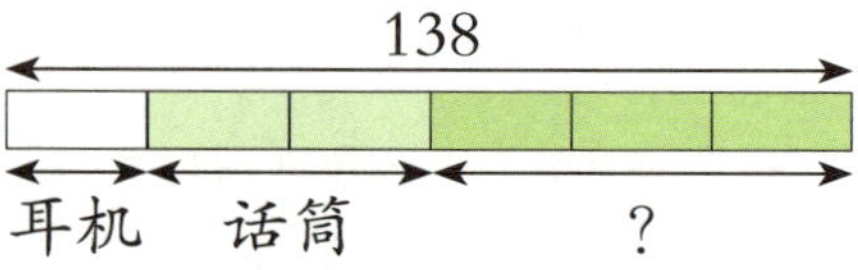

6 个格子 — 138 元

1 个格子 — 138 ÷ 6 = 23（元）

3 个格子 —

3 × 23 = 69（元）

他还剩 69 元。

2. $\frac{1}{4} = \frac{2}{8}$

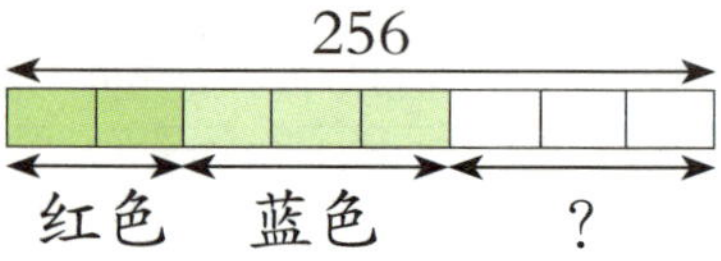

8 个格子 — 256 颗

1 个格子 — 256 ÷ 8 = 32（颗）

3 个格子 — 3 × 32 = 96（颗）

盒子里有 96 颗绿色弹珠。

3. $\frac{1}{3} = \frac{3}{9}$

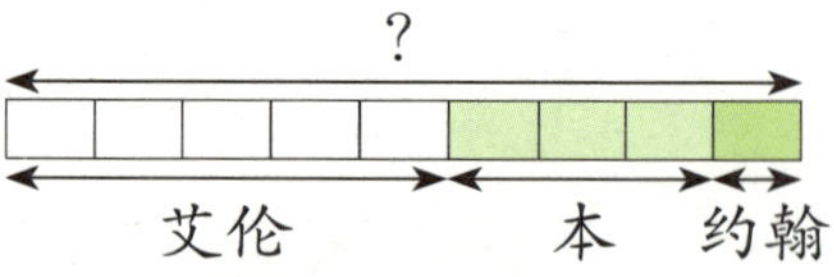

艾伦比约翰多：

5 − 1 = 4（个）格子

4 个格子 — 68 块

1 个格子 — 68 ÷ 4 = 17（块）

9 个格子 — 9 × 17 = 153（块）

吴太太烤了 153 块饼干。

4.* $\frac{3}{5}=\frac{6}{10}$

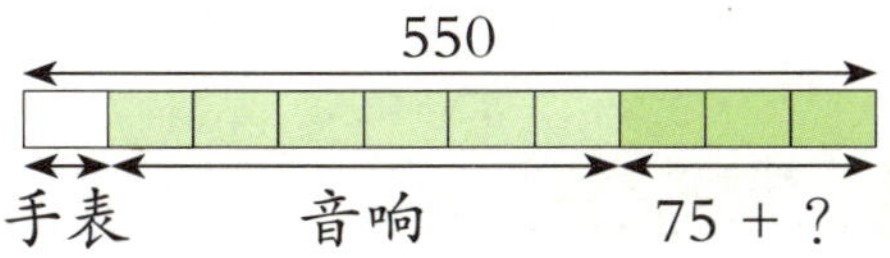

10 个格子 — 550 元

1 个格子 —

550 ÷ 10 = 55（元）

3 个格子 — 3 × 55 = 165（元）

165 − 75 = 90（元）

他买卡片花了 90 元。

练习 7.2

1.* a.

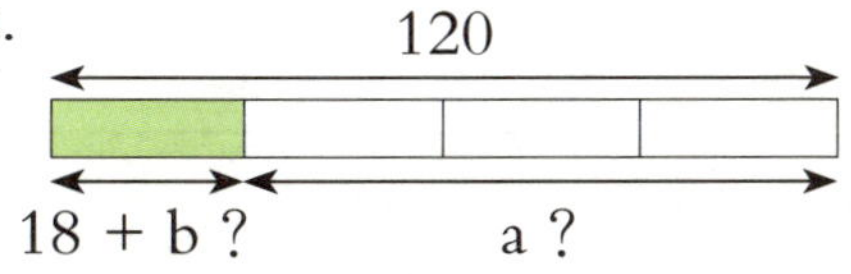

4 个格子 — 120 元

1 个格子 — 120 ÷ 4 = 30（元）

3 个格子 — 3 × 30 = 90（元）

他还剩 90 元。

b. 30 − 18 = 12（元）

买计算器花了 12 元。

2.*

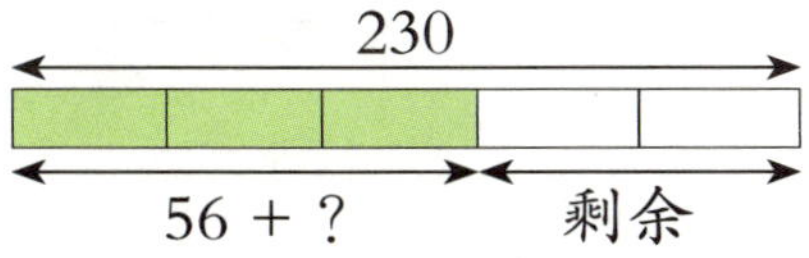

5 个格子 — 230 颗

1 个格子 — 230 ÷ 5 = 46（颗）

3 个格子 — 3 × 46 = 138（颗）

138 − 56 = 82（颗）

他给了彼得 82 颗弹珠。

3.*

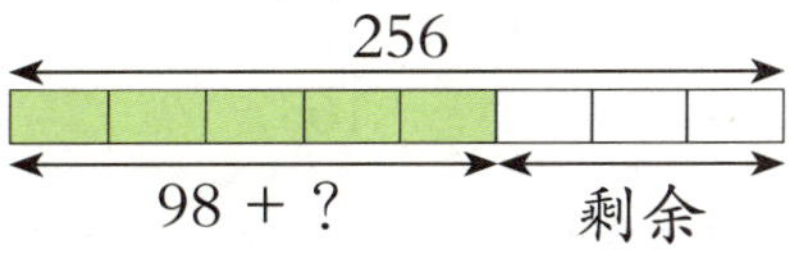

8 个格子 — 256 张

1 个格子 — 256 ÷ 8 = 32（张）

5 个格子 — 5 × 32 = 160（张）

160 − 98 = 62（张）

她给了妹妹 62 张贴纸。

4.*

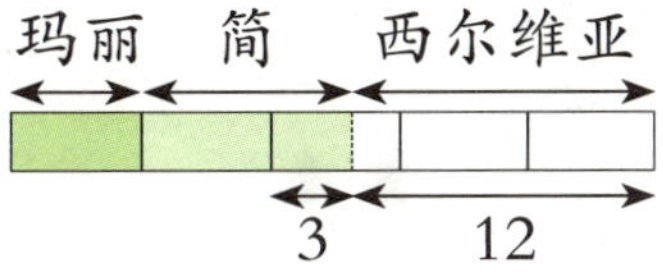

3 个格子 — 3 + 12 = 15（枚）

1 个格子 — 15 ÷ 3 = 5（枚）

5 个格子 — 5 × 5 = 25（枚）

三姐妹一共分了 25 枚硬币。

练习 7.3

1.

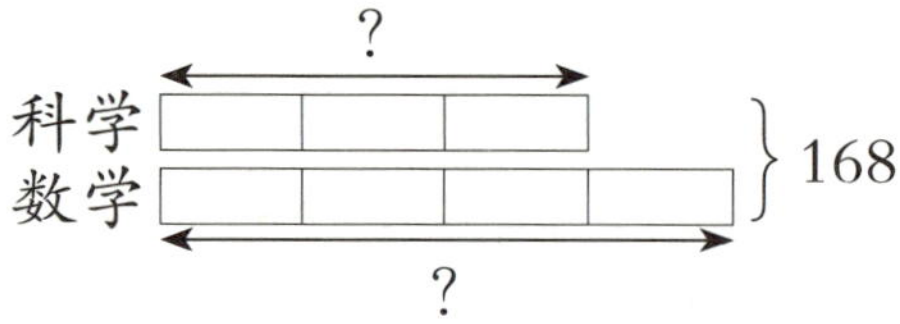

7 个格子 — 168 分

1 个格子 — $168 \div 7 = 24$（分）

3 个格子 — $3 \times 24 = 72$（分）

4 个格子 — $4 \times 24 = 96$（分）

她数学得了 96 分，科学得了 72 分。

2.

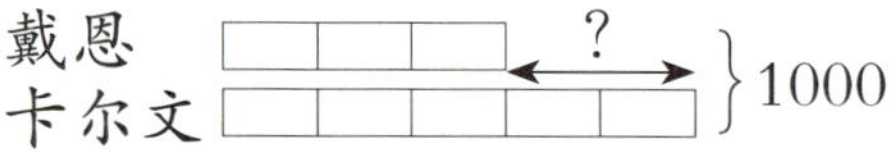

8 个格子 — 1000 元

1 个格子 —

$1000 \div 8 = 125$（元）

2 个格子 — $2 \times 125 = 250$（元）

卡尔文比戴恩多存了 250 元。

3.*

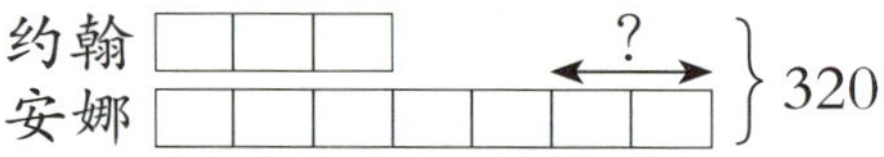

10 个格子 — 320 个

1 个格子 — $320 \div 10 = 32$（元）

2 个格子 — $2 \times 32 = 64$（个）

安娜要给约翰 64 个书签，才能使他们的书签数量相同。

4.*

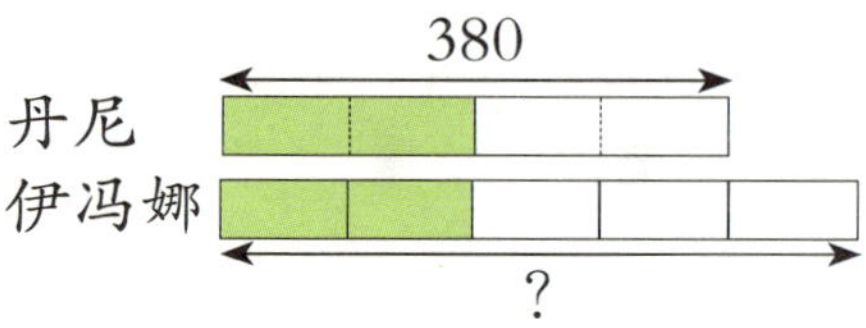

4 个格子 — 380 元

1 个格子 —

$380 \div 4 = 95$（元）

5 个格子 —

$5 \times 95 = 475$（元）

伊冯娜存了 475 元。

练习 7.4

1.*

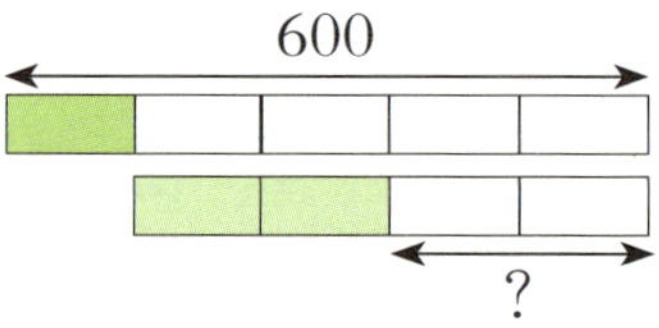

5 个格子 — 600 克

1 个格子 —

$600 \div 5 = 120$（克）

2 个格子 — $2 \times 120 = 240$（克）

剩下 240 克糖。

2.*

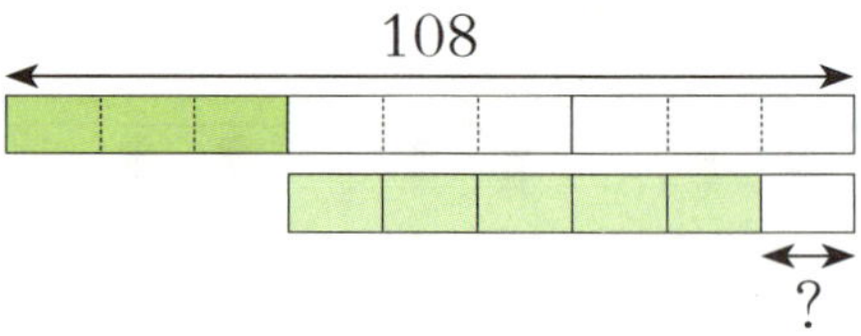

9 个格子 — 108 个

1 个格子 — $108 \div 9 = 12$（个）

亨利还剩 12 个回形针。

3.*

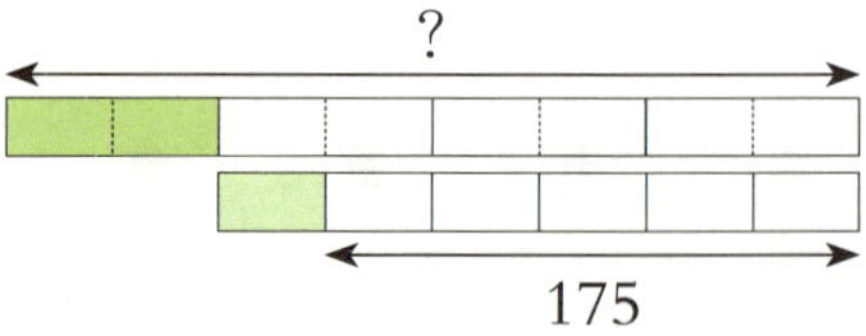

5 个格子 — 175 元

1 个格子 — $175 \div 5 = 35$（元）

8 个格子 — 8 × 35 = 280(元)

琼原来有 280 元。

4.*

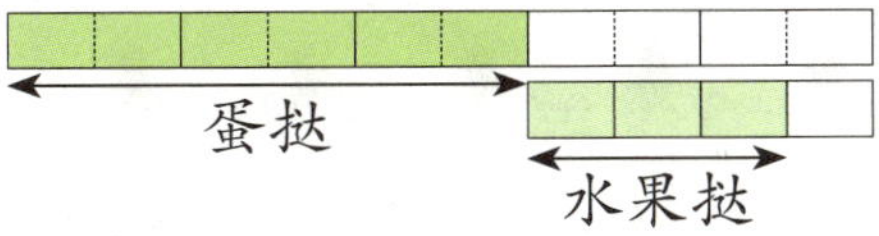

蛋挞比水果挞多：

6 − 3 = 3 (个) 格子

3 个格子 — 114 个

1 个格子 — 114 ÷ 3 = 38 (个)

10 个格子 —

10 × 38 = 380 (个)

吴太太一共做了 380 个甜品。

8 用加法和减法解决问题

练习 8

1.

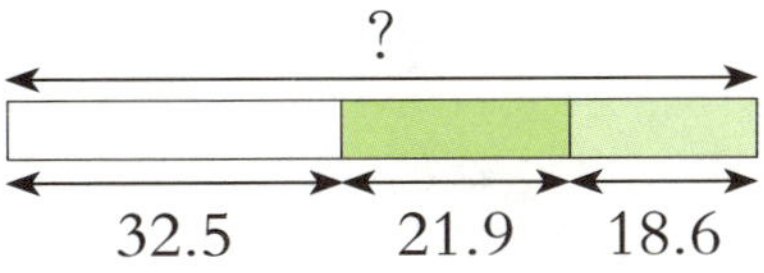

32.5 + 21.9 + 18.6 = 73 (厘米)

这条丝带原来有 73 厘米长。

2.

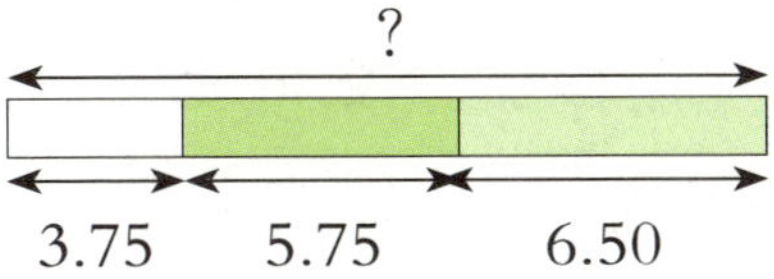

3.75 + 5.75 + 6.50 = 16 (元)

她总共花了 16 元。

3.

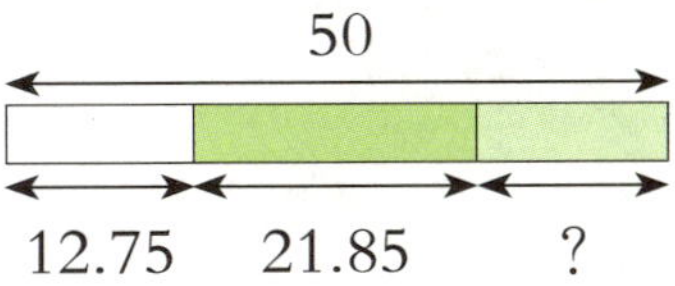

12.75 + 21.85 = 34.60 (元)

50.00 − 34.60 = 15.40 (元)

她会收到 15.40 元找零。

4.

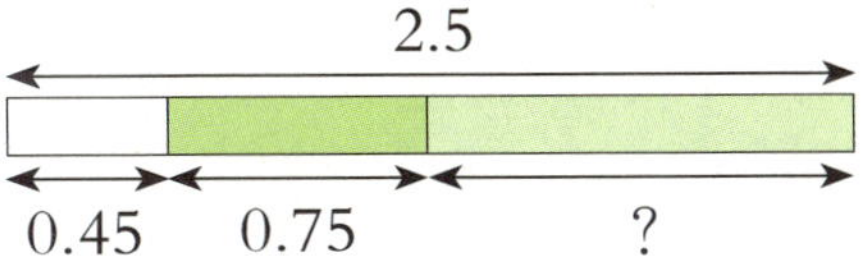

0.45 + 0.75 = 1.2 (升)

2.5 − 1.2 = 1.3 (升)

他第三次喝了 1.3 升水。

5.

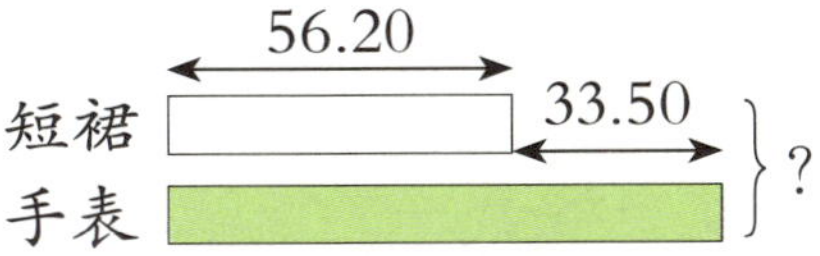

56.20 + 33.50 = 89.70 (元)

89.70 + 56.20 = 145.90 (元)

她一共花了 145.90 元。

6.

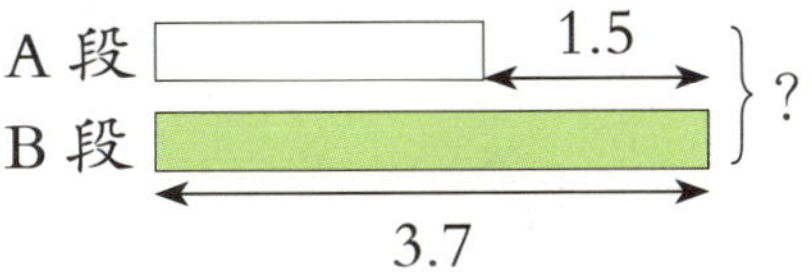

A 段：3.7 − 1.5 = 2.2 (米)

总长：2.2 + 3.7 = 5.9 (米)

这条绳子原来长 5.9 米。

9 用乘法和除法解决问题

练习 9.1

1.

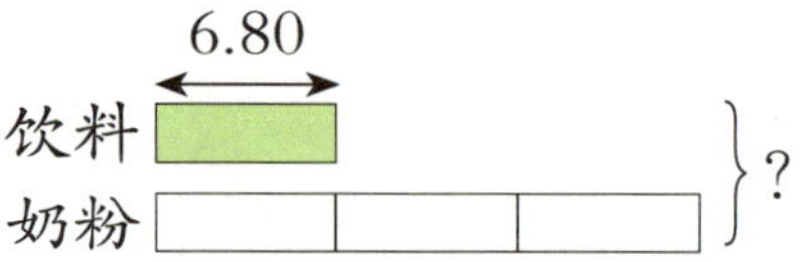

1 个格子 — 6.80 元

4 个格子 —

4 × 6.80 = 27.20（元）

一共花了 27.20 元。

2.

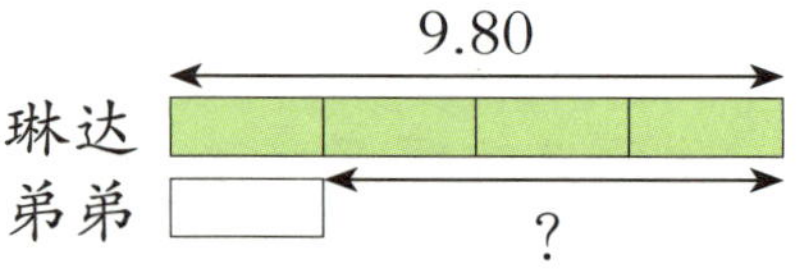

4 个格子 — 9.80 元

1 个格子 —

9.80 ÷ 4 = 2.45（元）

3 个格子 —

3 × 2.45 = 7.35（元）

琳达比弟弟多存了 7.35 元。

3.

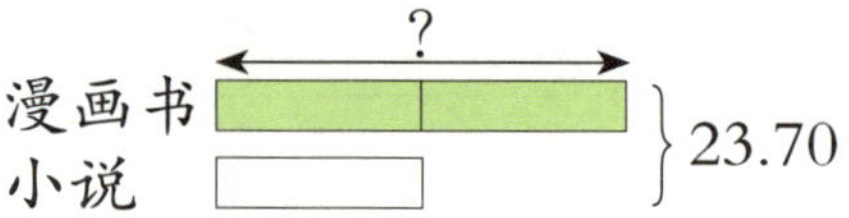

3 个格子 — 23.70 元

1 个格子 —

23.70 ÷ 3 = 7.90（元）

2 个格子 —

2 × 7.90 = 15.80（元）

漫画书的价格是 15.80 元。

4.

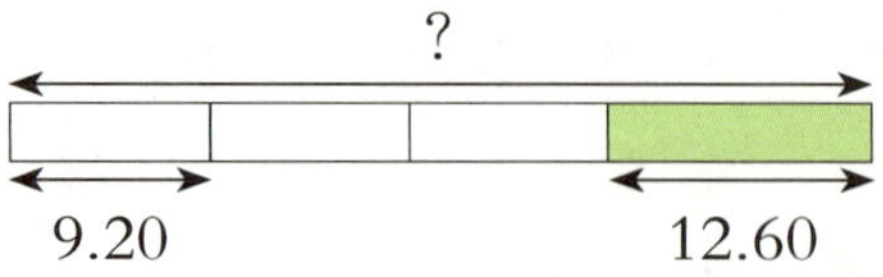

3 × 9.20 = 27.60（元）

27.60 + 12.60 = 40.20（元）

杰里米原来有 40.20 元。

5.

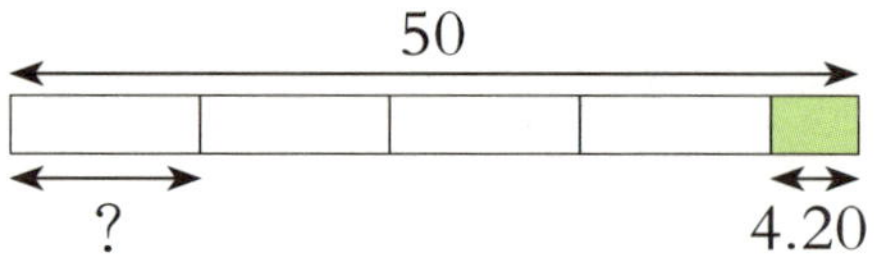

50 − 4.20 = 45.80（元）

45.80 ÷ 4 = 11.45（元）

一个笔记本的价格是 11.45 元。

6.

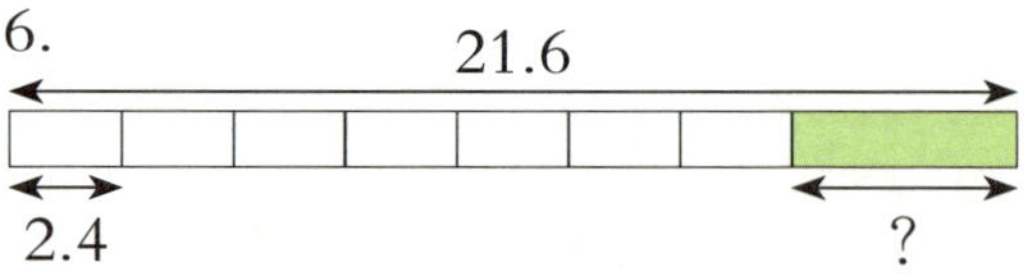

7 × 2.4 = 16.8（千克）

21.6 − 16.8 = 4.8（千克）

空木箱的质量是 4.8 千克。

7.

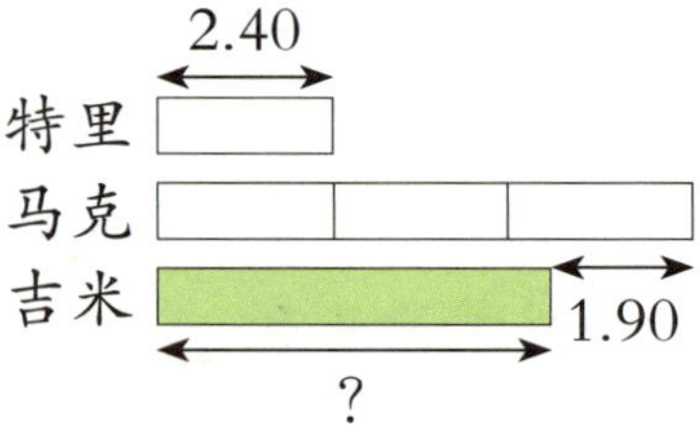

1 个格子 — 2.40 元

马克：3 个格子 —

3 × 2.40 = 7.20（元）

吉米：7.20 − 1.90 = 5.30（元）

吉米有 5.30 元零花钱。

8.

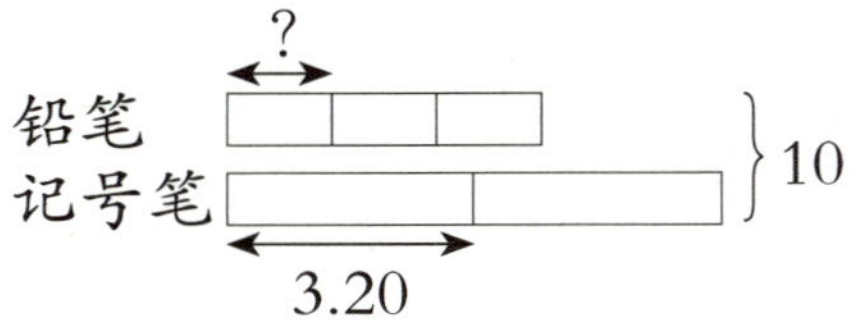

2 × 3.20 = 6.40（元）

10 − 6.40 = 3.60（元）

3.60 ÷ 3 = 1.20（元）

一支铅笔的价格是 1.20 元。

9.

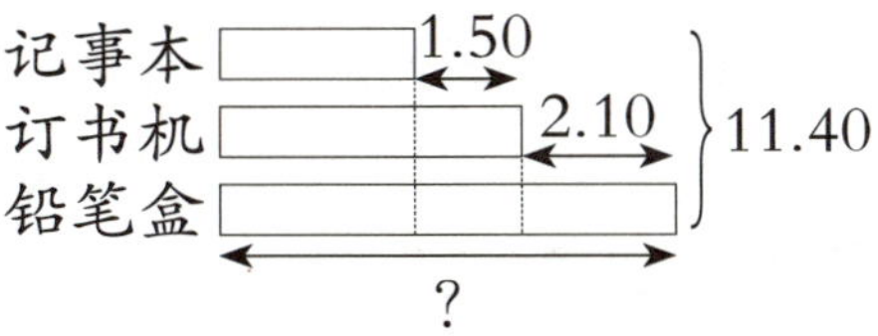

11.40 + 1.50 + 2.10 + 2.10

= 17.10（元）

3 个格子 — 17.10 元

1 个格子 —

17.10 ÷ 3 = 5.70（元）

铅笔盒的价格是 5.70 元。

10.

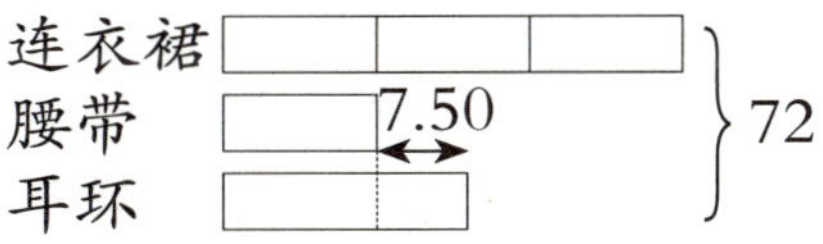

5 个格子 —

72 − 7.50 = 64.50（元）

1 个格子 —

64.50 ÷ 5 = 12.90（元）

3 个格子 —

3 × 12.90 = 38.70（元）

连衣裙的价格是 38.70 元。

11.*

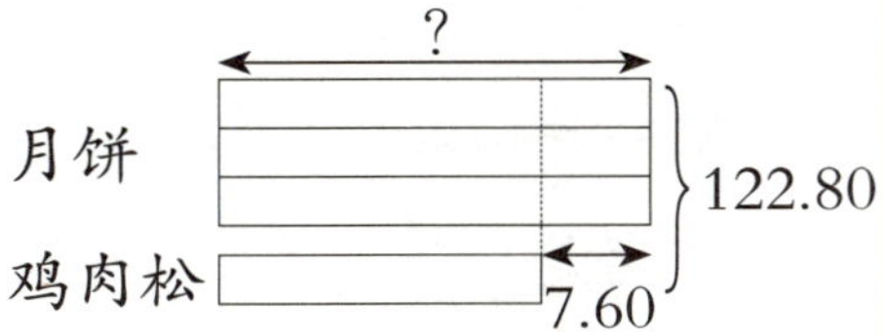

122.80 + 7.60 = 130.40（元）

4 个格子 — 130.40 元

1 个格子 —

130.40 ÷ 4 = 32.60（元）

一盒月饼的价格是 32.60 元。

12.*

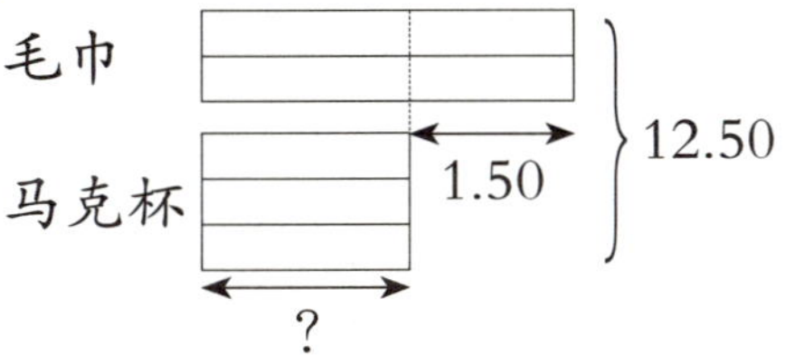

2 × 1.50 = 3（元）

12.50 − 3 = 9.50（元）

5 个格子 — 9.50 元

1 个格子 —

9.50 ÷ 5 = 1.90（元）

一个马克杯的价格是 1.90 元。

练习 9.2

1.

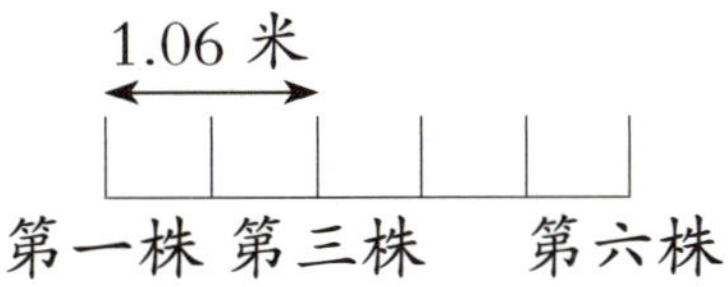

2 个间隔 — 1.06 米

1 个间隔 —

1.06 ÷ 2 = 0.53（米）

5 个间隔 —

$5 \times 0.53 = 2.65$（米）

第一株和第六株幼苗之间的距离是 2.65 米。

2.

2 个间隔 — 35.8 米

1 个间隔 —

$35.8 \div 2 = 17.9$（米）

8 个间隔 —

$8 \times 17.9 = 143.2$（米）

第一根与最后一根旗杆之间的距离是 143.2 米。

3.

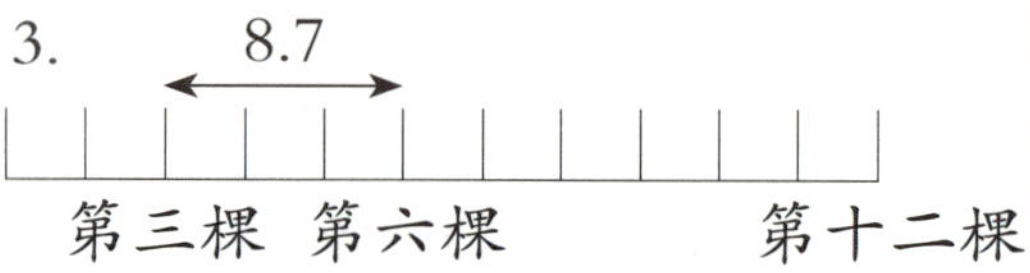

3 个间隔 — 8.7 米

1 个间隔 —

$8.7 \div 3 = 2.9$（米）

11 个间隔 —

$11 \times 2.9 = 31.9$（米）

第一棵和最后一棵树之间的距离是 31.9 米。

4.*

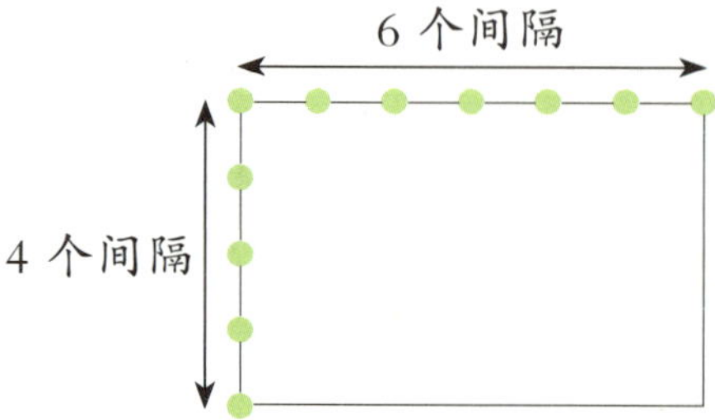

宽：$5 - 1 = 4$ 个间隔

长：$7 - 1 = 6$（个）间隔

周长：

$4 + 4 + 6 + 6 = 20$（个）间隔

1 个间隔 — 0.69 米

20 个间隔 —

$20 \times 0.69 = 13.8$（米）

长方形的周长是 13.8 米。

10 周长和面积

练习 10.1

1.

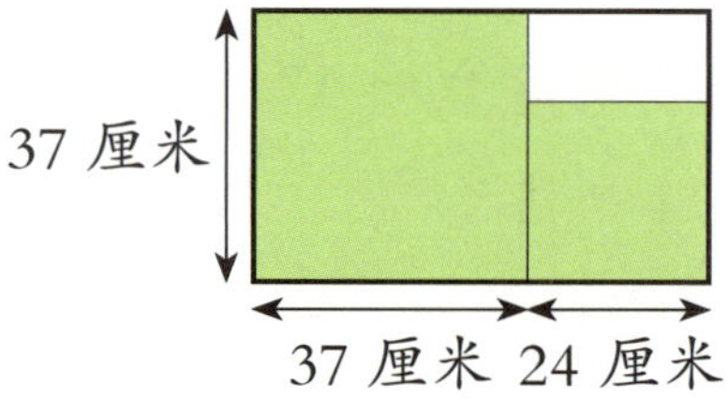

图形的周长与所示大长方形的周长相等。

长：$37 + 24 = 61$（厘米）

$61 + 37 = 98$（厘米）

$2 \times 98 = 196$（厘米）

这个图形的周长是 196 厘米。

2.

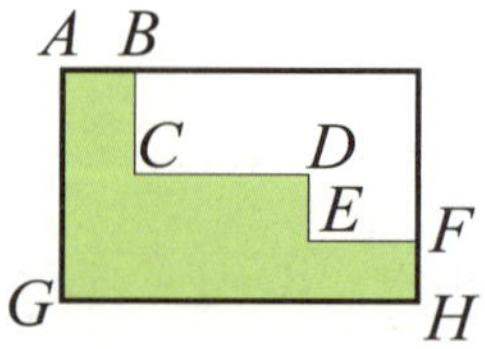

图形的周长与所示长方形的周长相等。

12 + 18 = 30（厘米）

2 × 30 = 60（厘米）

这个图形的周长是 60 厘米。

3. *

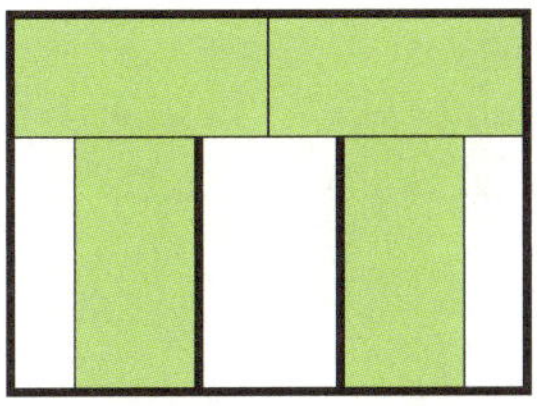

图形的周长与所示大长方形的周长加上两条瓷砖的长之和相等。

大长方形的长：1 + 1 = 2（米）

大长方形的宽：0.5 + 1 = 1.5（米）

2 + 1.5 = 3.5（米）

2 × 3.5 = 7（米）

7 + 1 + 1 = 9（米）

这个图形的周长是 9 米。

4. * 在图形上画线，把大长方形长和宽的关系直观化。

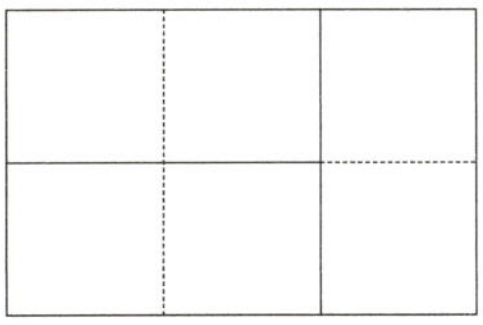

大长方形的周长：

10 个原长方形的宽

大长方形的长：

3 个原长方形的宽

大长方形的宽：

2 个原长方形的宽

10 个部分— 140 厘米

1 个原长方形的宽—

140 ÷ 10 = 14（厘米）

大长方形的长：

3 个原长方形的宽—

3 × 14 = 42（厘米）

大长方形的宽：

2 个原长方形的宽—

2 × 14 = 28（厘米）

面积：

42 × 28 = 1176（平方厘米）

该图形的面积是 1176 平方厘米。

练习 10.2

1. 列表。

边长（厘米）	1	2	3	4	5
面积（平方厘米）	1	4	9	16	25

在表格中，

4 + 25 = 29（平方厘米）

两个正方形的面积分别是 4 平方厘米和 25 平方厘米。

2. 列表。

边长（厘米）	1	2	3	4	5
面积（平方厘米）	1	4	9	16	25

在表格中，

16 + 25 = 41（平方厘米）

两个正方形的面积分别是 16 平方厘米和 25 平方厘米。

3. 列表。

边长（厘米）	1	2	3	4	5	6
面积（平方厘米）	1	4	9	16	25	36

在表格中，

36 − 4 = 32（平方厘米）

两个正方形的面积分别是 4 平方厘米和 36 平方厘米。

4.* 列表。

边长（米）	1	2	3	4	5	6
面积（平方米）	1	4	9	16	25	36

在表格中，

4 + 16 + 36 = 56（平方米）

三块正方形土地的面积分别是 4 平方米、16 平方米和 36 平方米。

与此相应：

三块正方形土地的边长分别是 2 米、4 米和 6 米。

这个花园的周长与所示长方形的周长相等。

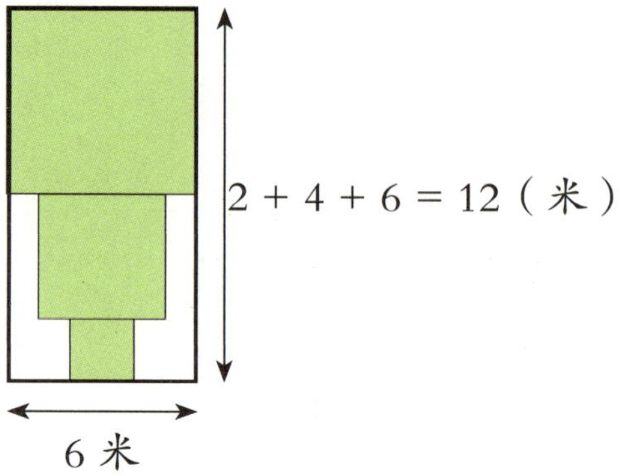

12 + 6 = 18（米）

2 × 18 = 36（米）

这个花园的周长是 36 米。